AF448212

La coopétition : coopération compétitive
Une réussite en Santé = l'Institut du Thorax Curie-Montsouris

Virginie GRAND

CIP a Camerei Naţionale a Cărţii

Grand, Virginie.

La coopétition : coopération compétitive Une réussite en Santé = l'Institut du Thorax Curie-Montsouris / Virginie Grand. – Chişinău : Generis Publishing, 2020 (Print on demand). – 65 p. : fig. color.

Referinţe bibliogr.: p. 63-64 şi în subsol.

ISBN 978-9975-153-88-1.

005.95/.96:614.2

G 76

Cover image: www.unsplash.com/photos/X53e51WfjlE

Generis Publishing
Online orders: www.generis-publishing.com
Orders by email: info@generis-publishing.com

REMERCIEMENTS

A Elisabeth VERGER, Directrice adjointe de l'Institut Curie – Ensemble hospitalier, en charge des Ressources Humaines, pour son sens du dialogue et du partage « *outside the box* » en plus de son goût des autres.

A Christian THUDEROZ, Sociologue, Enseignant, Chercheur, pour son exigence, l'énergie et l'inspiration offertes à chaque échange et surtout l'apport de savoirs comme l'ouverture généreuse au monde.

A l'ensemble des professionnels de l'Institut Curie avec lesquels j'ai eu le bonheur de travailler et qui dans l'adversité éprouvent d'abord la vigueur de leur lien pour l'importance de leur mission, quelle que soit la place occupée dans la chaine de production du soin pour d'abord et avant tout lutter ensemble contre le Cancer.

A mes amis pour l'entretien infini : à Maurice tout particulièrement pour nos longues marches autour de l'intelligence collective. A Louis, compagnon de route en philosophie, éternel *meilleur ami* décédé en juin 2009 à 36 ans d'un cancer.

A Bruno, mon époux pour son sens aigu de l'équilibre et sa sérénité cultivée en art de vivre.
A Mélanie et Alexis, nièce et neveu, trésors d'étonnement et de curiosité joyeuse.

AVANT-PROPOS

*« Quelle chimère est-ce donc que l'homme ? Quelle nouveauté, quel chaos,
quel sujet de contradiction, quel prodige ! Juge de toutes choses, imbécile ver
de terre ; dépositaire du vrai, cloaque d'incertitude et d'erreur ; gloire et
rebus de l'univers. »*[1]

Quel dialogue possible pour agir ensemble de manière constructive ?

Plus profondément encore, à la lumière de Christian Thuderoz, misant sur l'intelligence collective tout en soulignant rapidement que décider à plusieurs est beaucoup plus complexe qu'il n'y paraît puisque notamment *« des individus peuvent décider ensemble, sans pour autant décider collectivement »*[2], comment « bien avancer » à plusieurs sans risquer la pensée unique ni non plus, avec acuité et résonnance pour la Responsable Ressources Humaines que je suis, arrêter une décision dite « collective », privée en réalité d'une conscience élémentaire du collectif en question ?!

D'un point de vue pragmatique : quel dialogue pour entreprendre toujours mieux aujourd'hui, quelle dynamique de groupe « vertueuse », animation ou management, quelle organisation optimum, quelles voies possibles, comment réfléchir, comment réguler au mieux dans une visée de bien commun entendu et partagé par tous comme tel ?

Dialoguer, négocier, produire de l'utilité sociale, se mobiliser pour une action durable dans l'intérêt général, contractualiser avec discernement …
Mais, quel discernement ? Un vœu pieu ?

Pascal en exergue de ce préambule pose le problème fondamental selon nous : et si notre raison, quand bien même raisonnante, raisonnait forcément de manière unilatérale alors que la réalité est toujours multipolaire ? Si avant-même d'entrer dans la mêlée, l'interaction, la relation, nous n'étions nous-même qu'impasse spéculative ? Quelle intelligibilité de l'homme à lui-même avant toute tentative d'entreprise collective ? Comment ne pas être assailli par le doute ?

---

[1] PASCAL Blaise, Pensées, pensée 484, section VII. 1ère parution en 1670, posthume car les écrits de PASCAL sont trouvés par ses héritiers à sa mort le 19 août 1662. Masse de papiers, ébauches, œuvre inachevée ce que nous nommons les « Pensées » sont les papiers d'un mort, organisés en ouvrage par différents éditeurs.
[2] THUDEROZ Christian, Décider à plusieurs, éd- puf, 2017. Citation page 40.

Stoïciens, septiques ou cartésiens sont tous congédiés par l'auteur des *Pensées*, dénonciateur sans précédent d'un rationalisme réducteur, car finalement, manquer de preuve est-il nécessairement manquer de sens ?

Pascal ramène l'homme à son incohérence fondamentale, première et tragique :

« Il avoue à Epictète que l'homme est grand par la « pensée », c'est-à-dire par la faculté de juger de toute chose, même de sa propre faiblesse ; mais les stoïques ont ignoré la misère de l'homme, et, partant leur doctrine est inefficace et leurs conseils sont stériles ; ils s'adressent à un homme fictif, qui aurait un entier empire sur lui-même. Montaigne a donc raison quand il montre la faiblesse et la fragilité de l'homme, trompé sans cesse par son imagination, s'arrêtant à une justice qu'il croit naturelle et qui n'est qu'une coutume de son pays, doué d'une volubilité d'esprit qui le rend incapable de se fixer à un point exact où il verrait lui-même et les choses dans une juste perspective, asservi à l'opinion à tel point qu'il attache plus d'importance aux jugements que les autres font de lui qu'à ce qu'il est lui-même, sujet aux maladies et à la mort, ce « dernier acte […] toujours sanglant, quelque belle que soit la comédie en tout le reste. On jette enfin de la terre sur la tête, et en voilà pour jamais » […] Et pourtant Montaigne a vu faux, parce qu'il a ignoré la grandeur de l'homme ; il aboutit ainsi, par complaisance en son moi et par toutes les « sottises » qu'elle lui fait dire, à pis qu'au désespoir, à une nonchalance du salut, sans crainte et sans repentir ; […] il ne pense qu'à mourir lâchement et mollement ». La tranquillité d'âme que les stoïciens et Montaigne ont cherché à atteindre par des voies opposées est donc illusoire, parce que retranchant des traits au tableau, ils l'ont fait plus cohérent qu'il n'est »[3].

Dans le silence effrayant des espaces infinis, l'homme n'est rien, rendu à sa condition toute relative. *« L'illusion du philosophe était de croire à une nature à laquelle il peut tout rapporter ; il faut changer de perspective »*[4], autrement dit voir l'homme dans son drame réel, celui dont il est acteur.

Sans doute dans une veine pascalienne, la théorie des jeux nous aide-t-elle à nous repérer sur cette voie toute d'incertitude.

D'abord avec le dilemme du prisonnier et le sort que nous ne manquons jamais de nous faire nous-mêmes, seul ou en équipe, par l'enchainement de nos décisions.

Ensuite en proposant une alternative à la réduction de notre nature humaine à un fatalisme la vouant à une nonchalance sans espoir en prenant le parti de l'audace. Celui du joueur qui mise sur un décentrement quand la réalité à laquelle il se confronte se résume à *« une sphère infinie dont le centre est partout et la circonférence nulle*

---

[3] BREHIER Emile, Histoire de la philosophie, 2ème édition « Quadrige », 2ème tirage, 2014. Livre Quatrième, Chapitre IV, PASCAL, page 837
[4] Ibid, page 838

part »[5] : se mettre en chemin, c'est ce qu'ambitionne ce mémoire en pensant autrement, en explorant l'alternative heureuse, celle du pari d'une réussite, telle une pensée comme un fragment, une percée utile à la disruption stratégique pour continuer à entreprendre hors de la caverne, à la recherche d'une forme de coopération lucide, vertueuse et volontaire en conscience pour préserver les chances et le bonheur de l'aventure humaine.

---

[5] PASCAL Blaise, *Pensées*. Relevons que l'idée de décentrement opérée par Pascal est tout à fait moderne à son époque où la discussion porte sur le géocentrisme ou l'héliocentrisme, autrement dit une théorie physique affirmant soit la Terre, soit le Soleil comme centre de l'Univers. Dans un contexte culturel de révolution copernicienne remettant en question Ptolémée, c'est-à-dire affirmant le soleil plutôt que la Terre au centre de l'univers, Pascal penseur s'affirme sans centre, retenant davantage le geste de décentrement de Copernic que ses résultats ! Ainsi récuse t-il le Dieu des philosophes et des savants, n'y reconnaissant pas un objet de raison. Aucune preuve donc de l'existence de Dieu chez Pascal. Pour lui Dieu n'est pas un principe et, de toute façon, un principe ne sauve pas.

INTRODUCTION

« Pour prendre une décision, il vaut mieux être un nombre impair de personnes, et trois c'est déjà trop. » Georges CLEMENCEAU (1841-1929)

Pourquoi parler de coopération ici et maintenant ?

Ou plutôt, comment, dans le monde actuel de l'entreprise, du politique et des affaires parler de coopération dite « compétitive » sans être, dans le meilleur des cas, raillé pour usage d'un pléonasme, ou, dans le pire des cas, discréditer pour angélisme zélé ? Clémenceau en exergue donne le « *La* », orientant sa préférence en matière de décision sur celle individuelle et unilatérale, ramenant dans sa situation la capacité sociale de trancher à l'irréductible impair de l'effectif solitaire…

De fait, les relations au travail sans compétition, « coopératives dans l'absolu » peuvent sembler sinon superficielles, du moins idéalistes.

Plus commun est d'envisager dans la veine darwinienne le « *struggle for life* » ou lutte pour la vie, qui, en biologie de l'évolution, désigne précisément le mécanisme de sélection pour survivre dans un environnement perçu comme hostile et s'y défendre dans la compétition pour les ressources.

Deux raisons *a minima* peuvent expliquer notre représentation pour le moins complexe et non nécessairement sereine de la notion de coopération. La première d'ordre culturel, la seconde d'ordre historique, toutes deux orientant plus ou moins consciemment notre rapport politico-économique au monde.

D'abord, notre culture elle-même, entre souffle et soufre, si empreinte de la révolution française depuis son vent de liberté jusqu'à sa Terreur, ou plus structurellement jusqu'à l'avènement de la constitution actuelle en France, nécessaire à la garantie du respect des droits de chacun, entretient-elle, sinon défiance, du moins « *méfiance par défaut* » plutôt que « *confiance naturelle* ».

Contractualiste avant les lumières, Hobbes ne prévient-il pas ? « *L'homme est un loup pour l'homme* »[6] et à l'état primitif nécessairement en état de « *guerre de tous contre tous* ».

---

[6] HOBBES Thomas, Léviathan, 1ère parution 1651

Montesquieu et Rousseau un siècle après poursuivent sur la question fondamentale : comment faire société ? Comment vivre ensemble ? Et ce, dans un système qui assure à chacun sa liberté et le respect de sa personne humaine.

Montesquieu recherche activement comment sauvegarder la liberté tandis que *Du Contrat social,* plus d'une décennie après *L'Esprit des lois*[7] assène dès sa première ligne : « *L'homme est né libre, et partout* il est dans *les fers* »[8].

Les deux philosophes n'ont de cesse de rechercher le fondement idéal de l'organisation pour la vie sociale.

Héritiers, conscients ou non, de ces deux théoriciens politiques, nous vivons dans la société qu'ils ont esquissée et aménagée : Société où exécutif, législatif et judiciaire sont séparés pour se prémunir du despotisme fondé sur la crainte au profit de la république fondée sur la vertu. La séparation des pouvoirs fondant le libéralisme en politique avec Montesquieu protège la liberté du citoyen par la limitation du pouvoir de l'Etat. Modèle aujourd'hui intégré, métabolisé, acculturé.

Le contrat social promu est quant à lui un pacte, un accord mutuel, une décision engageante pour le collectif, une convention structurante pour régulation optimale de la vie en société dans l'intérêt général. Aucun salut hors de sa référence normative voulue et consentie : c'est bien l'esprit des lois tel qu'entendu par Montesquieu : l'âme qui doit incarner le principe d'ordre des sociétés, assurément celle impétueuse de notre culture française.

Ensuite, notre histoire récente, plaide-t-elle également en faveur d'une coopération d'emblée rendue suspecte.

Le 20ème siècle est historiquement celui de l'avènement de deux totalitarismes : ces appels à produire un homme nouveau porteur de l'idéologie *prolet-aryenne*[9] ont basculé dans l'horreur et le massacre.

L'utopie communiste appelant à coopérer *comme des frères* au lendemain de la deuxième guerre mondiale n'a pas fonctionné. Le miracle de la communauté n'a pas eu lieu.

Or, c'est en partie sur le terreau de ce deuil que le libéralisme économique a prospéré depuis pour occuper une place dominante en termes de modèle de référence. Libéralisme économique qui depuis Adam Smith[10] ne voit dans tous les mécanismes économiques, tels que la mondialisation, la Santé, ou les salaires entre autres, que des

---

[7] MONTESQUIEU Charles Louis de Secondat, De l'esprit des lois, 1ère Parution 1748
[8] ROUSSEAU Jean-Jacques, Du Contrat Social, 1ère parution 1762
[9] Concept emprunté à Bernard Henry Levy renvoyant à la même absurdité criminelle les idéologies communistes et fascistes.
[10] SMITH Adam, Recherche sur la nature et les causes de la richesse des nations, 1ère parution 1776

marchés appelant une concurrence libre et non faussée, entendez, sans interventionnisme de l'Etat.

La dispute des économistes[11] proposant un décryptage de l'économie suivant son courant élaboré par Smith, Keynes, Marx ou Polanyi, éclaire le prisme libéral et rend compte de sa force de conviction : « *La force du raisonnement marchand tient à sa capacité à fournir à la fois une philosophie générale, le libéralisme, et un outil d'analyse « tout terrain », applicable à tout problème économique et social. Il faut donc proposer une représentation économique capable de le remplacer sur ces deux plans, ce que ni le Keynésianisme ni le marxisme n'ont pu faire. L'approche Keynésienne était une gestion pragmatique des déséquilibres macro-économiques, qui ne fournissait ni philosophie générale, ni analyse des marchés particuliers. A une époque le marxisme a pu constituer cette alternative. Mais il a échoué, en partie à cause de son orientation économiciste* ». Autrement dit, ni Smith, ni Keynes, ni Marx ou plutôt s'interroger sur la centralité d'une rationalité purement économique pour imaginer un fonctionnement sociétal relevant d'une représentation alternative du monde, représentation ou vision offrant une place à chacun, à la société et à notre environnement à préserver dans une interaction soutenable et durable. Une vision tentant une percée au-delà du marché ou de la société dite de marché, coupable de disqualifier toute notion de don dans une société ne vivant que d'échanges marchands.

Or, la coopération et la notion de don dans les échanges constituent bien l'hypothèse centrale de cette étude : une manière alternative de relire la coopération intrinsèquement compétitive que nous requalifions sous le vocable de coopétition.

Coopétition conçue comme alliage complexe et dans des proportions relatives et variables de la coopération et de la compétition.

Car au-delà des évidences ou des héritages il ne s'agit pas d'opposer coopération et compétition, mais bien de les unir dans un mouvement dialectique : la coopétition conçue alors comme l'une des figures exacerbées de la coopération : instable, chaotique, incertaine, fragileopétition plus que jamais d'actualité dans une économie désormais mondialisée qui a aboli les références traditionnelles et s'est affranchie de l'espace et du temps pour conquérir ses nouveaux territoires.

Une voie à creuser, une alternative socio économique à expérimenter, une innovation sociétale dans l'hyper concurrence certes, soucieuse d'un juste équilibre à trouver entre libéralisme économique parfois outrancier et suspicion d'entente illicite, alliance et délit d'initiés, gentlemen agreement et lois anti trust, mais aussi dans le cadre de politiques publiques et pour nous l'objet social ou s'il l'on préfère le programme d'entreprenariat d'ESPIC (Etablissement de santé privé d'intérêt collectif non lucratif

---

[11] RAVEAUD Gilles, La dispute des économistes, ed- BDL 2013

reconnus de mission de service public) précisément en santé où la démarche se structure, la stratégie s'affute dans un pari audacieux, quasiment pascalien, fondé, nous l'examinerons, sur une forme de foi inconditionnée et généreuse, voire disruptive par l'ouverture des ses méthodes (au pluriel) opposée en ce sens à un prisme plus cartésien du discours traditionnel de la méthode (au singulier) dans le monde des affaires ou de l'entreprise.

Bref, oser coopétiter et innover pour transformer les modèles existants et par là rester dans la course.

Un dialogue à renouveler si ce n'est à ré-inventer, une alternative de gestion à expérimenter en ne se privant pas de l'examen des questions essentielles :

Quel(s) intérêt(s) les hommes ont-ils à coopérer ? Au fond, qu'entendre par « coopérer » ? Concrètement, quels fondamentaux nécessaires à une coopération réussie ?

Enfin et surtout, quel phénomène propice à l'examen tant conceptuel que pratique d'une figure réussie de la coopération simultanément capable d'offrir un retour d'expérience suffisant pour en apprécier la portée et ouvrir au débat ? Quelle coopétition en acte à éprouver ?

Interroger donc différents paramètres d'une réalité d'abord appréhendée comme équivoque, aléatoire, incertaine : la coopération comme pari de réussite.

Le pari de l'intelligence collective, celui de la bonne décision stratégique à plusieurs, d'une maturité sociale entreprenante avec succès et de manière durable.

Et, par-delà la question essentielle du pourquoi coopérer, celle du comment le faire avec discernement, en préservant un collectif sans militer naïvement pour une pensée unique.

La thèse défendue est celle d'une coopétition vertueuse possible par l'engagement de ses acteurs dans une aventure humaine qui donne sans compter, parie au-delà du calcul mue par une motivation fondée sur l'éthique et non pas simplement sur une emphase de l'ontologie de l'être.

Autrement dit, l'opportunité saisie d'une équation généreuse et raisonnée qui donne $1+1 = 3$ lorsque $1+1$ pourrait faire $0,5$ ou même pire : moins 2 !

Un supplément en termes de production, certes, résultat ardant de la mobilisation ici et maintenant et continue de ses acteurs mus dans un pôle d'excellence d'exception, Curie + Montsouris = L'Institut du Thorax, transcendé dans une coopétition éthique toute tournée vers une philosophie du Care, et non seulement du Cure, pour permettre aux patients un accès optimum à toutes les innovations médicales et chirurgicales jusqu'à l'offre de protocoles de recherche en alternative thérapeutique là où les traitements standards échouent.

La quête d'excellence est au service d'une cause partagée dans un environnement en perpétuelle émulation, riche de son ouverture pluridisciplinaire, de l'humilité de ses spécialistes complémentaires animés, dans une organisation transversale intégrative qui se sait évolutive et donc s'attache à co-construire inlassablement le dialogue utile à sa propre conservation certes mais surtout dans l'intérêt général, en négociation raisonnée poussant au-delà de l'inter-organisations jusqu'au patient partenaire, paroxysme du partenariat ouvert.

Examinons cette coopération compétitive, dite coopétition. A cette fin, un plan en deux parties :

D'abord le cadre théorique de la coopétition via trois paradigmes éclairants : historique, conceptuel et sectoriel, pour ensuite avancer sur le terrain avec trois hypothèses à l'aune desquelles nous décryptons l'expérience de l'Institut du Thorax, union inédite de deux hôpitaux experts, privés de mission de service public, Curie-Montsouris pour lutter contre le cancer du poumon. Une discussion finale interroge le modèle étudié, son opportunité comme sa nécessité selon son secteur et ses acteurs, sa pérennité aussi et son utilité sociale à l'ère de la Connaissance.

PREMIERE PARTIE

La coopétition en Santé : en théorie, quid ?

1. De la coopération à la coopétition en Santé

  1.1 Histoire et occurrences de la notion de coopétition

L'approche de la coopétition via le paradigme historique

La coopétition n'est pas un terme aussi récent que la littérature actuelle[12] en la matière le laisse entendre. Nous y reviendrons.

Elle est, de fait aujourd'hui, sous le feu des projecteurs et l'objet manifeste d'une attention de plus en plus soutenue dans le cadre de l'*open innovation*[13] promue pour résister à une disruption redoutée et à la compétition, suivant son propre secteur d'activité, d'une *Insurtech* pour les assureurs, *Fintech* pour les banquiers, *Healthtech* pour les acteurs de la Santé ou encore *Foodtech* pour les restaurateurs, perçue pour le moins comme menaçante.

---

[12] Saphia RICHOU dans l'avant-propos de « Coopétition en action » publié en 2017 ne la fait pas remonter au-delà de sa célébrité acquise en 1996 grâce à l'ouvrage de Nalebuff et Brandenburger. Nabyla DAIDJ dans l'introduction de « Coopération, coopétition et innovation » paru en 2017 en fait une spécificité de la coopération qu'elle dénomme « pratiques coopétitives » n'émergeant qu'à la fin des années 1990 et le début des années 2000. Estelle PELLEGRIN-BOUCHER dans l'introduction de « La coopétition » édité en 2010 écrit : « Ray Norda, le fondateur de Novell, entreprise très connue dans le domaine des technologies de l'information, a introduit ce terme pour la 1ère fois en 1993 pour évoquer les stratégies de coopération et de compétition qui étaient déjà à l'œuvre dans le secteur informatique dès le début des années 1990. Le concept a ensuite été modélisé en 1996, à partir de la théorie des jeux par Brandenburger et Nalebuff, des chercheurs et consultants américains. »

[13] Open innovation ou innovation ouverte, parfois innovation distribuée désignent dans les domaines de la Recherche et Développement des modes d'innovation fondés sur le partage, la collaboration (entre parties prenantes).
Suivant *Wikipedia*, source d'information sur la question particulièrement intéressante pour nous (car quoique non académique, puissamment, dans notre situation précise de recherche, alternative s'offrant libre et gratuite), elle est compatible avec une économie de marché (via les brevets et licences) et avec l'Intelligence économique, et permet des approches alternatives éthiques ou solidaires de partage libre des savoirs et savoir-faire modernes ou traditionnels, avec notamment l'utilisation de licences libres dans un esprit dit ODOSOS (Open Data, Open Source, Open Stadards). Selon les cas, l'approche peut donc apparaître altruiste ou au contraire comme un moyen de distribuer (concours) ou de partager (partenariat) le risque et l'investissement vers l'extérieur d'une organisation.

De quoi parle-t-on avec ces termes anglophones tout de « tech » appareillés, comme apprêtés pour une conférence à la Silicon Valley ?

D'une tendance de fond, de nouvelles pratiques de référence dans de nombreux domaines d'activité impactés par les nouveaux secteurs de l'économie numérique qui via de nouveaux schémas de collaboration viennent bousculer l'entreprise et ses modes de partenariat, car de fait, le phénomène semble désormais sociétal. Avec ces « tech » tous azimuts, il s'agit aussi de marquer avec ostentation son appartenance au monde numérique, de montrer l'intégration à son business model des nouveaux codes imposés par la transformation digitale qui s'incarne, entre autres, dans la désintermédiation, la digitalisation du parcours utilisateur, l'immédiateté, etc.

Concrètement, de nouveaux usages orientent désormais consommateurs, usagers, citoyens : l'hôpital se conçoit par exemple dorénavant « *hors les murs* » et, au-delà du développement de l'ambulatoire[14], désormais par la e-santé qui s'actualise à travers des objets connectés ou de nouveaux services aux patients comme la télémédecine avec la téléconsultation, la téléexpertise, la télésurveillance, la téléassistance et la régulation médicale.

Si la maturité et les structures de l'*innovation ouverte* varient d'un acteur à l'autre, la conviction de leur importance pour transformer les différents secteurs gagne chaque jour plus de terrain.

Accélération, incubation, prise de participation, internalisation, intraprenariat, labs fleurissent et foisonnent. Mais avec qui et comment collaborer ? Comment appréhender ce nouvel écosystème ? Comment se prémunir dans ce défi de partenariats renouvelés, dans leur fond comme dans leur forme, d'une dispersion d'investissements à fonds perdus ou d'une prudence exagérée ? Comment agir ensemble, coopérer sainement et finalement décider au mieux à plusieurs en misant sur l'intelligence collective à toutes les échelles ?

Commençons par le début : qu'est-ce que coopérer ?

« *La coopération est le fait, pour une personne, de s'adonner consciemment à une activité complémentaire de celle d'autres personnes dans le cadre d'une finalité commune dans un groupe donné. Les actions réalisées dans le cadre d'une coopération sont complémentaires les unes aux autres, donc s'inscrivent dans un système impliquant l'existence du groupe où chaque personne réalise une action distincte de celle des autres membres du groupe, et réalise une action qui réclame celle des autres*

---

[14] L'ambulatoire par opposition à l'hospitalisation traditionnelle permet de diagnostiquer, traiter, suivre un patient non hospitalisé, dormant chez lui, gardant ses habitudes et éventuellement continuant à travailler. Le traitement de la cataracte en est un exemple.

pour prendre tout son sens et sans laquelle, inversement, celle des autres ne serait ni concevable ni possible. La notion de coopération est différente de celle d'aide. La première réclame une réciprocité sinon une égalité des apports des partenaires dans le cadre de leur complémentarité. Le seconde réclame une relation latéralisée, allant exclusivement de l'aidant à l'aidé. (H. Hannoun) »[15]

La définition ainsi restituée, pose distinctement la notion sans nécessairement la rendre claire : coopérer supposerait de s'articuler complémentairement l'un à l'autre, ici par le mouvementent de réciprocité, tandis qu'aider isolerait l'un de l'autre par son action exclusive et sans retour attendu de l'un par rapport à l'autre. Vaste sujet de débat posant d'emblée la notion de coopération comme obscure au cœur de relations faites de réciprocité simultanée et en conscience dans le cadrc d'actes complémentaires au service d'une même action à visée commune.

La transversalité esquissée n'est donc pas n'importe laquelle, la distinguer de la notion d'aide est précieux à ce stade de notre étude qui engagera dans une deuxième section de cette première partie le débat sur la question de la gratuité et du don dans un monde de coopération dans lequel se logerait, nous le verrons, la figure plus fine encore de coopétition.

Avant de manier plus aisément cette notion de coopétition pour le moins complexe, tentons d'en saisir davantage le sens et l'origine.

1.1.1 Émergence de la notion

Le terme de coopétition est une élision croisée de coopération et compétition. Cet alliage est aussi un oxymore jouant de l'ambiguïté pour le moins paradoxale du partenaire-adversaire. Nous y reviendrons bientôt.

Historiquement, ou plutôt chronologiquement, il est enfin et avant tout un néologisme centenaire !

De fait il est déjà en usage au début du 20ème siècle, en 1913, comme l'atteste la description restituée ci-dessous du mode de gestion de ses revendeurs par le Sealshipt Oyster System : « *The Sealshipt Oyster System has about 35,000 dealers who act as agent for Sealshipt oysters. Althought it is in advantageous position of being in a certain sense a monopoly, its marked success in developping its market must be credited partly to its peculiary efficient dealer work.It says to the dealer : « You are*

---

[15] Les notions philosophiques, (1990), ed. puf. Coopération [Philosophie générale]

*only one of several dealers selling our oysters in your city. But you are not in competitionwith one another. You are co-operating with one anoter to develop more business for each of you. **You are in co-opetition**, not in competition. What competition there is, is of the kind that you all can fight to common advantage. The Oyster sold from the wooden tub is your only competitor. »*[16]

L'objectif des dirigeants de Sealshipt Oyster System était clairement d'éviter que la situation conflictuelle des revendeurs les uns par rapport aux autres ne tourne à l'affrontement. La notion d'avantage commun au sein d'un réseau centré montre déjà ici l'espace offert à une coopétition épanouie et objet de gestion.

1.1.2 Transformation au sein d'alliances économiques inédites

Au-delà de cet exemple daté, de fait des stratégies de coopétition de plus en plus répandues viennent à l'esprit : Philips et Sony traditionnellement rivales n'ont-elles pas coopétité pour développer et fabriquer en commun de nouveaux DVD ? Samsung et Sony pour la Télévision LCD[17] ? Dans le secteur des ERP[18], IBM et Oracle lorsqu'IBM depuis 1995 distribue des solutions Oracle, donc de son concurrent d'ordinaire sur le marché des bases de données ? Renault et Daimler pour les voitures *Smart* et *Twingo* ? Les laboratoires pharmaceutiques Sanofi et Bristol-Myers Squibb contre les maladies cardiovasculaires avec les médicaments *Plavix* et *Aprovel* ? Airbus Defense Space (ex EADS) et Thalès, pour le développement d'un programme spatial dit *Alphabus* au sein de l'industrie des satellites et des télécommunications ?

L'inventaire ne saurait être exhaustif. Il traduit simplement l'opportunité d'alliances inter organisations, habituellement adversaires, soucieuses de transformation sinon d'innovation au sein de leur activité pour dégager de la valeur là où seules en scène elles ne sauraient se suffire pour y parvenir.

Cependant, comme Monsieur Jourdain fait de la prose sans le savoir, la coopétition semble confiner à un phénomène mal connu, *a fortiori* moins encore reconnu et probablement pas assez étudié.

Est-ce par ce qu'elle ne relève pas d'une vision stratégique classique, échappant ainsi aux cadres d'analyse existants ? Force est de constater que le paradigme concurrentiel en l'état ne saurait l'appréhender et sans doute plutôt que d'*avantage concurrentiel*,

---

[16] Description publiée en janvier 1991 par la revue Printer's Ink, reprise par Paul Terry Cherington (1913 : 146) et sourcée pour notre part en Préface rédigée par Gérard Koenig en 2010 de « Stratégies de coopétition »

[17] LCD pour Liquid Crystal Display ou écran à cristaux liquides permettant la création d'écran plat à faible consommation d'électricité.

[18] ERP : Enterprise Ressource, outil central dans le système d'information des entreprises, progiciel de gestion intégré

est-il temps de parler d'*avantage coopétitif* dans une approche fondamentalement renouvelée et contre intuitive des dynamiques relationnelles entre les entreprises alliées dans un intérêt bien partagé.

Toutefois, avant de nous y engager, prêtons-nous à une mise au point pour bien distinguer ce qu'est une stratégie de coopétition et ce qu'elle n'est pas. Celle-ci ne doit pas être confondue avec des ententes illicites et clairement située au regard des lois dites anti trust.

Le droit à la concurrence (le droit anti trust aux Etats-Unis) interdit les ententes illicites ou restrictives, autrement dit tous accords, pratiques concertées et décisions d'associations d'entreprises si ceux-ci empêchent, faussent ou restreignent le jeu normal de la concurrence (partage de marchés, prix concertés, préjudice aux consommateurs).

C'est dans ce cadre notamment que trois sociétés d'intérim en 2009 ont été condamnées pour s'être entendues sur les prix entre mars 2003 et novembre 2004 « *afin de limiter la compétition entre elles vis-à-vis de leurs clients importants* ». Sanction également pour onze banques en France en 2010 pour avoir illégalement coordonné leur tarification sur le traitement des chèques. Elles avaient fixé une commission unique de 4,3 centimes d'euros sur 80% des chèques échangés en France pour compenser les pertes d'intérêts dues à l'accélération du traitement des chèques via des machines de lecture optique. L'accélération des flux réduisant selon elles la durée de placement des chèques, elles avaient créé cette commission pour compenser le manque à gagner par la diminution mécanique des intérêts liée à la durée de placement pour ces banques. Selon l'Autorité de concurrence le progrès technique entrainait un gain de productivité pour les banques qui auraient dû au contraire en faire bénéficier le consommateur.

A la condition *sine qua non* de ne pas être restrictive de concurrence, la coopération dont il est question s'appuie donc sur un avantage commun fondant une entente inédite et génératrice de valeur ajoutée pour chacune des parties engagées dans un échange réciproque pour une finalité commune.

1.1.3 Stratégie paradoxale : Pactiser avec l'ennemi ?

Sans conclure tapageusement à un pacte avec l'ennemi, ne s'agirait-il pas plutôt avec la coopétition de repérer un pléonasme stratégiquement salutaire ?
Si les oppositions en conflit n'étaient pas aussi manichéennes qu'il y paraît ?

L'analogie avec Talleyrand, inventeur de la diplomatie française lors de l'épisode historique du congrès de Vienne, est éclairante pour comprendre le phénomène. Elle l'illustre par sa complexité, son sens de la nuance, sa tension maitrisée, son jeu à somme non nulle, sa dimension intégrative qui fait du gain pour les uns également celui pour les autres. Il s'agit alors pour l'ex ministre des affaires extérieures de Napoléon, lequel a abdiqué et s'est retiré sur l'île d'Elbe, tout juste nommé auprès du roi fraichement revenu, de ménager la place des vaincus (dont La France) à la table des grands et d'élargir le cercle des quatre vainqueurs présidant au sort de tous en co-construisant volontairement, vainqueurs et vaincus ensemble, une paix durable et mutuellement acceptable, capable de préserver l'avenir des relations.

Talleyrand en situation de vaincu sur le terrain de la guerre face aux Quatre manifeste précisément le paradoxe de ce levier stratégique qu'est la coopétition, exigeant simultanément de rivaliser et de coopérer pour gagner collectivement. Le 29 septembre 1814, veille du congrès de Vienne, le diplomate réalise son coup d'éclat majeur, son coup de poing sur la table des négociateurs au Rennweg, devant Metternich et les représentants des quatre grands, surpris et effarés. Talleyrand doit alors éviter d'être péremptoire pour surtout ne pas s'isoler face aux vainqueurs et s'emparer à leurs côtés, c'est-à-dire avec eux, de la nécessité d'avoir voix au chapitre avec les vaincus, traditionnellement et jusque-là non admis dans le cercle des « Grands ». Il sait être subtil et prudent dans l'audace. Voici ce qu'il déclare après avoir écouté le procès-verbal consignant les décisions des Quatre, les alliés ayant déjà arrêté, avant l'ouverture officielle du congrès de Vienne prévue le lendemain, la nécessaire instauration d'une paix solide en Europe :

« - Alliées…et contre qui ? Ce n'est plus contre Napoléon : il est à l'île d'Elbe. Ce n'est plus contre la France : la paix est faite. Ce n'est sûrement pas contre le roi de France : il est le garant de la durée de cette paix. Messieurs, parlons franchement, s'il y a encore des puissances alliées, je suis de trop ici …

Le silence s'est fait. Les ministres « alliés » ne s'attendaient pas à cette sortie de Talleyrand. Cette séance devait être une simple formalité, une réunion d'information des représentants de la France et de l'Espagne. En bout de table, le secrétaire du colloque et rédacteur du fameux procès-verbal, le brillant Gentz, juriste et politologue avant que cette spécialisation ne soit imaginée, ne quitte plus Talleyrand du regard.

Le ministre français entend pousser son avantage :

- Et cependant, si je n'étais pas ici je vous manquerais. Je suis peut-être, messieurs, le seul qui ne demande rien. La France ne demande rien, seulement de grands égards. Elle est assez puissante par ses ressources, son étendue, le nombre de ses habitants, la contiguïté de ses provinces, l'unité de son administration, les défenses de ses frontières … Je ne veux rien, je vous le répète. Et je vous apporte immensément. La présence d'un ministre de Louis XVIII consacre les principes nécessaires au futur ordre social européen. Le premier besoin de l'Europe est de bannir à jamais l'opinion que l'on peut

acquérir des droits par la seule conquête. Et de faire revivre le principe sacré de légitimité qui engendrera ordre et stabilité.

[…]

- Quand le congrès en séance plénière va-t-il s'ouvrir ?

[…]

- En attendant l'ouverture officielle du congrès, les décisions des Quatre ne peuvent être prises en considération. Si, comme déjà on le répand, quelques puissances privilégiées veulent exercer un pouvoir dictatorial sur le congrès, je dois dire que je ne pourrai reconnaître aucune force aux décisions prises par quelques-uns dans des questions qui relèvent de la compétence du congrès …

Après un long silence […] devant cette main à demi tendue par le représentant de la France, les ministres des Quatre semblent soudainement prêts à un véritable examen de conscience – une manière d'autocritique. Ils sont prêts à revenir sur tout ce qu'ils ont fait, à considérer comme nulles et non avenues les décisions qu'ils ont prises dans l'opacité de leurs réunions précédentes. Dans un grand geste théâtral, Gentz déchire les protocoles des séances des Quatre depuis leur arrivée à Vienne ; le procès-verbal du 30 septembre sera celui de la première séance des Quatre – plus la France et l'Espagne !

Les Quatre ont capitulé : « Les observations du prince de Talleyrand sur l'illégitimité et la nullité de tout ce qui aurait pu être convenu entre quelques puissances particulières … depuis le traité de Paris et avant la réunion du congrès, ont amené les ministres des quatre cours à dire qu'ils ne tenaient pas à cette pièce et qu'ils ne demandaient pas mieux que de la retirer, ce qu'ils ont fait. »[19]

N'abordons pas la question des 100 jours et du retour de Napoléon qui jusqu'à sa nouvelle condamnation à l'exil cette fois jusqu'à la lointaine et sans retour île de Sainte-Hélène obligera Talleyrand à « s'adapter » à une nouvelle donne. Retenons de cette analogie une alliance sous tension avec l'idée simple que l'antagonisme premier d'une situation n'est pas son irréductible lecture. Revenons à l'Open innovation et sa vertu cardinale selon nous : la curiosité, celle de l'autre qui plutôt que m'enlever pourrait m'élever. Pourquoi se contenter de viser du gâteau lorsqu'au fond à plusieurs nous pourrions prétendre à plus de gâteau ? Telle est l'idée de cette coopération compétitive hors norme au sens d'inédite, extraordinaire au sens de peu ordinaire, curieuse au sens d'audacieuse. Non plus l'affaire de vainqueurs et de vaincus, mais dans l'épisode du congrès de Vienne, d'une nouvelle communauté solidaire à co-construire durablement, alors l'Europe.

---

[19] ZORGBIBE Charles, Talleyrand et l'invention de la diplomatie française, éditions de Fallois pages 164 à 166.

Ni manichéisme radical, ni monochrome rose, autrement dit ni compétition « pure », ni coopération « pure » mais simplement une alternative mutuellement compréhensive des alliances. En coopétition des acteurs ambivalents et interdépendants coopèrent et rivalisent en même temps, animés d'intérêts simultanément communs et contraires : « *Si l'on fait de la survie le seul et unique critère de la stratégie, peut-être vaut-il mieux être paranoïaque (Grove 1997) qu'autiste, mais si l'on pense que la vie des affaires n'est pas un jeu à somme nulle* [entendez, jeu à somme nulle où le gain de l'autre est ma perte], *alors il faut accepter d'envisager les Autres comme des adversaires-partenaires avec lesquels on va créer de la valeur dont le partage sera disputé (Koenig, 1996)* »

Ajoutons que dès lors que nous sommes sur des interactions humaines, la causalité ne saurait être linéaire et unidirectionnelle. L'alliance stratégique dont il est question avec la coopétition est un hybride assumé de coopération et de compétition qui tire vertu de l'une et de l'autre consacrant la conscience de ses acteurs humains appartenant à un même système et se sachant concurrents pour ses ressources limitées tout en y étant en même temps solidaires dans la nécessité d'éviter la destruction du système.

1.1.4 Conclusion : la coopétition, figure particulière de la coopération

Dans un monde à l'heure de la quatrième révolution industrielle[20] dite de « numérisation globale », nous sommes, que nous le voulions ou non, inscrits dans un contexte de profondes mutations technologiques et sociétales où les relations interpersonnelles, intergroupes, interentreprises saisies par le « Cloud » et/ou le « Big data » notamment disent l'interconnexion exponentielle du monde (acteurs comme objets connectés), où la maintenance comme les soins dans cette accélération technologique sont devenus prédictifs, où l'apport de l'imagerie cérébrale tend à remplacer la neuropsychologie tributaire jusque-là de patients dont le fonctionnement cérébral devait être déjà altéré par un traumatisme pour initier toute intervention plus ou moins heureuse.

Nous vivons une transformation phénoménale de notre être-au-monde où la question du faire société, du bien vivre ensemble reste aussi jeune qu'à l'aube de l'humanité. La notion de coopétition visitée via son paradigme historique montre non seulement que

---

[20] La première révolution industrielle vers 1765 offre « la mécanisation de la production ». Cette dernière se substitue à l'agriculture traditionnelle. La machine à vapeur est également inventée à cette période ; La 2nde révolution industrielle vers 1870 permet « la production de masse » avec de nouvelles sources d'énergie, l'invention du télégraphe et du téléphone, de l'automobile et les modèles d'organisations productives conçues par Taylor et par Ford. La 3ème vers 1969 ouvre à « l'automatisation de la production ». Elle consacre le nucléaire, l'avènement de l'électronique, des télécommunications et de l'informatique, la production miniaturisée, la biotechnologie, l'invention de l'automate et du robot

la notion n'est pas nouvelle mais aussi et surtout qu'elle touche des secteurs extrêmement variés dans les industries high-tech en passant par l'informatique, l'automobile, la pharmacie, l'aérospatiale ou la production de biens culturels. Elle s'y exprime comme une solution salutaire, une stratégie partenariale créative de valeur qui permet de bénéficier des avantages conjugués de la compétition et de la coopération, cette dernière étant stimulée en continu par une vigilance requise pour préserver l'intérêt partagé et l'action réciproque des parties en présence dans cette alliance paradoxale en conscience, aussi exigeante qu'instable.

1.2   La coopétition pour entreprendre

L'approche de la coopétition via le paradigme conceptuel

Et si coopétiter dans sa conception disruptive et toute de tensions vertueuses pour l'agir ensemble en conscience et faire société dans une vision qui parie sur l'intelligence collective, sans en écarter l'examen des risques, pouvait relever au-delà de son audace défiant déjà une vision classique de l'économie, d'une forme de jeu intégrant dans ses règles une part d'aléas vécu comme promesse ou opportunité ?

Si en convoquant une revue de littérature reprenant de Pascal jusqu'à la théorie des jeux puis de Marcel Mauss jusqu'à Adam Grant en passant par Norbert Alter nous n'avions pas à imaginer une société d'échanges et de marché autrement ? Libérée plus que libérale, ouverte à la régulation permanente d'une conflictualité émulatrice telle que modélisée par Axelrod plutôt que campée dans des positions de repli à l'inertie plus dogmatique que prudente ?

Quelle distinction dès lors à entendre entre les notions de coopération et d'aide que nous évoquions précédemment, quel apport à notre concept de coopétition ? Examinons en la théorie pour cheminer plus avant.

1.2.1 Jouer et parier

Pascal en avant-propos de notre étude s'affirme dans son pari (infini contre rien) contre les stoïciens, les sceptiques et Descartes lui-même. Père de la géométrie du hasard, c'est-à-dire des probabilités, il fait droit à l'absurde, à l'erreur, précisément à l'aléas et l'incertitude. Il fait ce saut impossible pour Descartes (qui du doute hyperbolique tentera d'affirmer la certitude de l'existence de Dieu et s'abîmera dans un argument ontologique discutable), saut du pari sans calcul (calcul entendu ici comme résultat certain) qui expose (le mot est de Pascal lui-même), saut qui prend en compte cette proposition sans proportion, l'infini, induisant un nouveau mode de connaissance, humble, imparfait et perfectible, fragmentaire, temporaire et révisable, exponentiel aussi.

Pascal avec son pari incarne la décision, la démarche suprême de l'esprit, qui n'est plus seulement pour nous la question de Dieu et le rapport du philosophe à l'Altérité, mais la question de tout homme, celle de tout être-au-monde dans son interaction avec autrui pour vivre et entreprendre.

Dans la théorie des jeux, le dilemme du prisonnier invite lui aussi à oser la confiance ! S'en remettre à l'autre, faire avec lui mais sous conditions … il montre que dans un contexte itératif, chacun a intérêt à coopérer avec les autres dans le cadre d'un futur à influencer : contre la stratégie du « *cavalier seul* », il vaut mieux coopérer avec quelqu'un susceptible de rendre la pareille à l'avenir.

Invitation à la recherche éclairée du pari pascalien (confiance initiale comme acte de foi nécessaire) cultivant un dialogue libéré qui s'engage avec autrui pour une entreprise gagnante, c'est-à-dire celle qui « embarque » les uns et les autres dans la conviction profonde, du possible intérêt général, ici celui de tous !

Pascal comme le dilemme du prisonnier se conjuguent pour une ouverture maximale du jeu au champ des possibles par la reconnaissance et l'intégration de cette *altérité* pour Pascal, et par analogie des *autres* pour l'Entreprise pouvant être entendus comme ses salariés, ses clients, ses partenaires ou même dans notre contexte ses concurrents avec lesquels il faudra faire corps dans un pari sur l'avenir où tout est à gagner.

Bref, il s'agit d'ouvrir, de prendre la mesure de l'autre pour décider et agir collectivement. Comme s'il devenait désormais de premier ordre de s'interroger, en établissement de santé notamment pour nous, sur la possible intégration du point de vue des associations de patients pour établir une stratégie thérapeutique d'hôpitaux.

1.2.2 Echanger, donner et prendre

Pour parler du don, Marcel Mauss avec son essai sur le don est un incontournable.

Marcel Mauss propose une philosophie du don singulière. Le don qu'il conceptualise comporte trois caractéristiques essentielles pour nous : d'abord il n'est pas nécessairement réciproque (donner la vie par exemple), ensuite il oblige au sens étymologique du terme, c'est-à-dire qu'il engage un lien (et non pas un bien ou un intérêt égoïste comme l'échange marchand), enfin il est ontologiquement premier (ontologiquement et non pas seulement chronologiquement).

Tel un pari de départ, le don est ainsi posé avec beaucoup d'attentes et peu de certitudes. Contrairement à l'échange marchand fonctionnant sur du « donnant-donnant » en s'appuyant sur des contrats, le don (même avec contre-don) y est présenté sans aucune garantie de retour mais seulement avec des obligations. La distinction est majeure.

Le don maussien n'est donc ni acte marchand, ni non plus abandon. Il est initiative et surtout décision, une modalité spécifique de la relation sociale, l'un des opérateurs essentiels de toute société pour Mauss.

Dans sa lignée, Norbert Alter[21] avec la coopération abordée comme principale énigme du monde du travail repart de la conception du don comme acte généreux et qui oblige pour soutenir l'idée que produire (un bien, un service) avec réussite pourrait davantage relever de la capacité des organisations non pas à mobiliser ses hommes mais bien à tirer parti de leur volonté de donner !

Ce faisant, il affirme le don en tant que facteur de compétence collective et le distingue de la transaction économique dite finie par la contre-partie qu'elle prévoit contrairement au don non fini qui créé du lien social dans une circulation inépuisable d'échanges. En entreprise ces échanges coopératifs non finis peuvent s'incarner dans du temps de travail, des mises en relation, des réputations, etc. Il concède cependant à la marge de son ouvrage que le système de don « *fonctionne au mieux entre pairs, c'est-à-dire entre personnes qui ont à peu près le même capital social, soit l'ensemble des connaissances, relations, réputations, etc. qu'on peut mobiliser pour agir. La seule façon de coopérer avec quelqu'un qui en a plus que soi, c'est de donner beaucoup, bien plus que ce qui est obtenu en retour.* »[22]

Alter dégage dans son analyse un principe de réciprocité complexe qui dans la relation dépasse son protagoniste : la générosité évoquée, empreinte d'émotions, inscrit l'individu, au-delà de sa tâche à exécuter, dans une conception de la vie collective, de son existence humaine : c'est le cas, illustre-t-il, des soignants durant la vague d'attentats en France, le cas des personnels d'EDF durant les grandes tempêtes, des techniciens de centrales nucléaires en cas de risques. Créateur de lien social au sein de l'entreprise le don favorise ainsi l'efficacité dans la conception que l'on se fait du service rendu à la collectivité. Pour Alter coopérer c'est donner dans la mesure où il existe bien une forme d'économie primitive dans toute une partie de nos échanges dits modernes comme « envoyer-renvoyer l'ascenseur » qui permet la coopération mais échappe à tout contrat. De fait, on parle plus facilement de l'Organisation « en réseau » que des réseaux d'échanges fondés sur le don. La face cachée de la coopération relevant finalement d'échanges sociaux qui font du sentiment : amitié, fierté, gratitude ou reconnaissance. On conçoit alors comment donner suppose de soustraire une partie de ses ressources au bénéfice du bien collectif.

---

[21] ALTER Norbert, Donner et prendre, 2009
[22] La revue du praticien médecine générale, Tome 30, N°253, janvier 2016. Rubrique : Entretien. Norbert Alter, le don facteur de compétence collective page 7

Adam Grant, enfin à son tour et ce dans la même filiation maussienne qu'Alter prône quant à lui une conception du don faisant résolument de la générosité et de l'entreprise un ménage idéal.

Finalement, tous trois font du don un phénomène paradoxal et à contre-courant des discours traditionnels du management. Leur lecture offre l'opportunité de relire le monde des hommes, comme êtres sociaux, à l'aune d'une nouvelle cartographie des acteurs de l'entreprise. Ceux-ci y sont conçus dans le monde professionnel non nécessairement mus par la volonté exclusive de prendre mais aussi par celle de donner.

La cartographie délivrée tient en trois figures d'acteurs possibles au sein de l'entreprise, clairement formalisées par Grant :

Les *givers, takers* ou *matchers*, que nous pouvons traduire par donneurs, preneurs ou échangeurs. Le *giver/donneur* aide les autres sans compter en étant disposé à rendre service sans retour, le *taker/preneur* agit pour son propre intérêt afin d'obtenir plus qu'il ne donne, et le *matcher/échangeur* prônant conscience et équité ne donne qu'autant qu'il reçoit. D'après Grant[23], nous sommes pour la plupart des matchers selon la répartition suivante : 56% matchers, 25% givers et 19% takers.

Les donneurs prospères, décrit par Grant, ont ceux-ci de fascinant comme l'était déjà Talleyrand à la veille du congrès de Vienne : « *ils se sont hissés au sommet sans chercher à damner le pion aux autres, mais en trouvant le moyen de faire grossir le gâteau pour tous* »[24]

Ce que montre Grant avec son étude terrain fournie, c'est que contrairement aux préjugés, le taker/preneur n'est pas nécessairement le meilleur et que le giver/donneur peut « arriver en haut de l'échelle » bien plus souvent qu'on ne l'imagine. Il soutient également l'idée suivant laquelle dans le secteur des services manifestement la révolution de la structure du travail, tout comme la révolution technologique, favorisent le giver/donneur.

1.2.3 Survivre dans un monde d'égoïstes ?

« Comment réussir dans un monde d'égoïstes ? » est la question posée par Robert Axelrod[25], chercheur en sciences politiques. Celui-ci centre ses travaux de recherche via l'observation d'un tournoi informatique qu'il organise sur la manière de jouer au mieux au dilemme du prisonnier.

La question qu'il pose est sur la possibilité d'une coopération en l'absence de pouvoir central (contrairement à Hobbes évoqué en introduction) qu'il enrichie du

---

[23] Adam GRANT a sondé 30 000 personnes dans le monde dans des industries variées, des cultures différentes, des métiers distincts : ingénieurs, étudiants en médecine, commerciaux, etc

[24] GRANT Adam, give and take, 2013

[25] AXELROD Robert, « Evolution of cooperation », 1984

paramètre d'escompte. Elle permet de mieux appréhender le pourquoi et le comment coopérer au profit de l'intelligence collective qu'il avère tout à fait possible et durable suivant certaines conditions.

En fonctionnaliste, Axelrod, liste ces conditions pour favoriser la coopération dans un environnement hétérogène et complexe tout en affirmant que la théorie du donant-donnant défendue ne saurait être gratuite … puisqu'elle paye !

Son apport essentiel selon nous porte dans un jeu à somme non nulle (aucun perdant mais tous gagnants) sur sa notion de réciprocité qu'il rend nécessaire quelle que soit la position de l'autre, c'est-à-dire dans la coopération comme dans la défection.

A pratiquer dans tous les cas, la réciprocité d'Axelrod, en plus de l'augmentation de l'ombre portée par l'avenir sur le présent comme le préconisait déjà la Théorie des jeux soucieuse d'éventuelles représailles dans un jeu à plusieurs manches, constitue une ouverture à un monde meilleur en appliquant une valeur commune et stable dans l'intérêt de tous.

La coopération n'est donc plus simplement souhaitable dans un contexte itératif et capable de prospérer dans un monde où il existe des stratégies différentes, mais surtout, capable de résister une fois établie contre des stratégies moins coopératives.

Le modèle théorique de coopération singulier dans un monde d'égoïstes, bien qu'imparfait, qu'Axelrod dégage est celui du donnant-donnant vigilant, non envieux (gagner plus ensemble plutôt que battre l'autre), bienveillant (commencer par coopérer en songeant à l'avenir de la relation), modérément susceptible (manifester sa désapprobation de la défection, non nécessairement dès la première fois, on cultive par défaut l'indulgence, mais en temps utile suivant le contexte si les autres se montrent « profiteurs »), transparent (être suffisamment lisible pour que les autres sachent à quoi s'en tenir) et engageant dans une réciprocité solidaire dans l'intérêt de tous.

Axelrod invite même à enseigner la réciprocité, laquelle dans son modèle donnant-donnant n'est pas nécessairement morale (« ne fais pas aux autres ce qu'ils n'aimeraient pas que tu leur fasse ») au risque de se faire exploiter par excès de clémence, mais toutefois supérieure à la moralité de l'égoïste, par l'autocontrôle auquel elle s'astreint pour éviter la loi du Talion.

1.2.4 Conclusion : parier dans le doute, donner & gagner ensemble

Pascal théoricien du progrès en moderne de son époque, actif et raffiné confirme, en déniant à la raison et au calcul l'accès exclusif à la connaissance, que manquer de preuve, nous l'avons vu, n'est pas nécessairement manquer de sens. Sans oser en le commentant la comparaison d'une église à un casino, il peut être intéressant de relever l'audace du défi de la confiance, de cette foi comme un pari qui pose la promesse du gain sans certitude comme suffisamment engageante pour s'y a-donner.

Dans cette veine, les théoriciens du don dans son acceptation maussienne jusqu'à l'escompte problématisé par Axelrod posent l'opportunité d'une telle conception des interactions en entreprise. Ils ouvrent à l'incertitude consciente et heureuse, par le don, à une provocation de l'avenir intimé à répondre mais sans jamais offrir la capacité de prévoir avec exactitude cette réponse. Ils ouvrent à des ressources non visibles sur lesquelles un escompte peut suivant la volonté des acteurs concernés offrir plus que tout attendu chiffrable.

Avec Axelrod un modèle théorique de coopération singulier, bien qu'imparfait, se dégage : celui d'une stratégie donnant-donnant vigilante, engageante dans une réciprocité solidaire mais non gratuite puisqu'au service de l'intérêt de tous.

Cette stratégie de réciprocité du donnant-donnant certes sans visée nécessairement morale et qui plus est comme toute analyse issue d'une approche mathématique manifestement incomplète (facteurs absents … d'idéologie, de coalitions, de médiations, de charisme politique, etc.) offre cependant l'opportunité de concevoir dans le doute un monde d'interdépendances où parier sur le gain via le don devient un moteur généreux pour tous, où la coopétition est émulation vertueuse dans l'intérêt collectif.

Et comment dès lors ne pas songer, dans la transition qui nous occupe pour parler du domaine de la Santé à Marie Curie déclarant : « *Dans la vie, rien n'est à craindre, tout est à comprendre* ».
Poursuivons.

1.3   Coopétition en Santé

L'approche de la coopétition via le paradigme sectoriel

La coopétition, figure particulière de la coopération dite compétitive qui nous occupe est celle qui réussit.

Bien que repérée dans des secteurs d'activité très variés, il n'est pas neutre que nous décrivions le secteur dans lequel nous faisons porter notre étude : le sanitaire, parapublic dans sa mission de lutte contre le cancer suivant un modèle d'excellence initié par Marie Curie avant-gardiste dans sa vision collaborative du travail pour prendre le cancer de vitesse.

Axelrod relevait lui-même une limite de son modèle donnant-donnant, nous l'avons souligné, en reconnaissant qu'une vue réaliste des problèmes échappait au modèle mathématique des tournois d'informatique qu'il avait organisé pour l'éprouver. Autrement dit, non seulement il n'est pas de stratégie gagnante indépendamment d'un environnement, mais aussi et surtout la réalité reste plus complexe et nuancée que tout modèle ne saurait l'exprimer.

Concrètement la coopération n'est pas simplement binaire : ce n'est pas nécessairement et radicalement « cavalier seul » ou « coopération » pour donnant-donnant mais en réalité l'un et l'autre en proportions variables, relatives voire capricieuses suivant notre capacité et notre bonne volonté. Pas de terrain vierge non plus sur lequel démarre une coopération ou non, mais une mémoire collective plus ou moins consciente. Enfin la variable humaine reste hautement impactante dans les interactions, entre besoin psychologique émotionnels, jeux de pouvoirs que le modèle mathématique ne saurait intégrer. L'ensemble de ces limites exige donc que nous posions un regard complémentaire et contributif à notre partie théorique sur le secteur économique et d'activité dans lequel porte la coopétition réussie que nous entendons analyser.

1.3.1 Public, privé et parapublic

En France il existe trois types d'établissements de santé : le public, le privé et le parapublic.

Tous peuvent concourir à une mission de santé publique. Globalement, il s'agit de la raison d'être du service public hospitalier, d'une mission reconnue d'utilité publique donc dans l'intérêt général pour le dit parapublic et d'un choix pour le privé.

Comprendre ces distinctions permet de discerner dans l'économie globale de la Santé des manières tout à fait différentes de travailler, de concevoir, de produire et délivrer du soin.

Culturellement par exemple on bute encore sur des éléments de langage suivant la structure d'appartenance : certains parlent de *patientèle* lorsque d'autres usent du terme de *clientèle*.

Derrière ces termes une socialité distinctive qui suivant son parti-pris et sa propension à l'Humanisme conçoit le malade ou bien d'abord comme patient ou bien d'abord comme consommateur. Dans la pratique au quotidien les mêmes oscillent entre du temps médical protégé pour faire de la recherche, publier des articles scientifiques, partager leur savoir et s'astreindre en même temps à une activité clinique lorsque d'autres sans clause d'exclusivité à leur(s) contrat(s) de travail cumulent activité hospitalière minimale et activité libérale aux honoraires libres sur une même spécialité clinique exercée dans des conditions différentes pour un public à la solvabilité toute relative … Derrière ces pratiques, des philosophies du soin s'expriment, des manières de faire corps social ou non pour lutter collectivement en conscience et volontairement pour la meilleure santé pour tous.

La fonction publique en santé a pour finalité la protection sanitaire et sociale de ses usagers. Elle garantit aux patients l'égal accès à des soins de qualité, la permanence de l'accueil et de la prise en charge ou l'orientation vers un autre établissement dans le cas défini par l'agence régionale de Santé et la prise en charge aux tarifs fixés par l'autorité administrative ou aux tarifs des honoraires prévus au code de la sécurité sociale.

Les salaires des praticiens (médecins) répondent à des grilles dès lors qu'ils relèvent du public.

En revanche dans le privé, les honoraires des professionnels de santé échappent à toute réglementation et obéissent à des pratiques spécifiques de marché des compétences (métier de niche), bassin de l'emploi (poste pénurique ou non), projet médical et politique RH de l'établissement, etc. Ceci explique dès lors un accès aux soins discriminé par les tarifs pratiqués suivant la structure à laquelle le patient s'adresse et des visions parfois divergentes de ce qu'est *soigner* suivant que l'on appartienne à telle ou telle structure.

Un médecin du public ne peut pas briguer le salaire d'un de ses pairs exerçant dans une clinique privée, pour autant sa vocation peut l'engager à renoncer à une forme de vénalité immédiate pour s'épanouir dans une activité moins lucrative pour lui directement mais plus ambitieuse pour la communauté à laquelle il appartient via des leviers incomparables de formation continue ou d'émulation par des temps dédiés à l'état de l'art pour faire progresser ensemble la médecine par exemple, temps non nécessairement offerts ou plus rares dans une structure où le modèle promeut davantage les marges comptables de l'exercice.

1.3.2 L'ESPIC : un hybride privé non lucratif

L'ESPIC est une forme hybride. Il s'agit littéralement d'un Etablissement de Santé Privé d'Intérêt Collectif. Les ESPIC recouvrent le champ du secteur privé non lucratif depuis la loi HPST[26] de 2009.

Les établissements à but non lucratif sont principalement des structures gérées par des personnes morales de droit privé : associations, fondations, congrégations religieuses, mutuelles, etc. Ils se distinguent des établissements à but lucratif comme par exemple les cliniques privées qui sont juridiquement des sociétés commerciales au sein desquels, nous l'évoquions précédemment, les médecins exercent majoritairement à titre libéral.

---

[26] HPST : Hôpital Patient Santé et Territoire

Sans être soumis aux règles de comptabilité publique, les ESPIC doivent cependant faire certifier leurs comptes. L'Agence Régionale de Santé est en charge de surveiller la situation financière des ESPIC.

Les ESPIC assurent une ou plusieurs missions de service public. Par leur mission d'intérêt général ils sont tenus à trois engagements vis-à-vis du public : garantie de l'égal accès aux soins pour tous, permanence et continuité des soins, pas de dépassement d'honoraires.

Comme pour le secteur public, l'assurance maladie finance en grande partie les ESPIC.

Les bénéfices potentiels sont réinvestis dans le développement et l'innovation au bénéfice des patients.

Le statut d'établissement privé confère plus de souplesse en matière de gestion des ressources humaines (tout au long de la vie du contrat du salarié) mais également par exemple en termes de procédures d'achat car exempts des marchés publics.

Les Centre de Lutte contre le Cancer (18 en France) sont des ESPIC parmi les 700 établissements relevant de cet ordre.

Il est intéressant de relever également qu'historiquement les hôpitaux privés non lucratifs émanent de deux grands courants : celui des congrégations religieuses du XIXème siècle et celui plus tardif du courant mutualiste vécus comme alternative au « Tout marché » ou « Tout Etat ».

1.3.3 Le modèle Curie à l'origine de l'organisation des CLCC[27]

Rappelons brièvement qui est Marie Curie, scientifique, chercheuse hors pair et pionnière dans sa conception généreuse de n'avoir à œuvrer que pour le bien commun, avant de parler du modèle d'organisation de l'hôpital dont elle est à l'origine avec le médecin et biologiste Claudius Regaud.

Sa petite-fille, Hélène Langevin-Joliot, elle-même physicienne et Directrice de Recherche émérite au CNRS est sans doute la plus à même de résumer en quelques lignes la femme et l'œuvre : « *L'œuvre scientifique de Marie Curie, deux fois prix Nobel, si importante qu'elle fût, ne peut être dissociée de son histoire. Marie Curie est aujourd'hui une figure universelle, symbole de la recherche désintéressée et de la place conquise par les femmes en science. Par-delà le mythe, c'est une image plus humaine, inséparable du souvenir de Pierre Curie et de son attachement à ses deux filles [...]. L'énergie sans pareille avec laquelle Marie Curie a poursuivi ses recherches provenait sans nul doute du plaisir qu'elle y trouvait. Physicienne,*

---

[27] CLCC : Centre de Lutte Contre le Cancer.

lorsqu'elle entreprend d'établir sur des bases quantitatives le caractère atomique du rayonnement spontané de l'uranium, c'est à la « chimie de l'impondérable » qu'elle se consacre essentiellement après la découverte du radium. Enseignante, lorsqu'elle s'adresse à des étudiants, à sa fille de dix ans et aux enfants de ses amis à des infirmières ou des médecins pendant la Grande Guerre. C'est toujours la femme concrète qui s'exprime, persuadée que chacun peut comprendre. Elle est aussi convaincue du rôle irremplaçable de la science. Créatrice et directrice de l'Institut du Radium, aujourd'hui Institut Curie, elle en fit un des hauts lieux des recherches de l'entre-deux-guerres et le point d'ancrage des applications du radium, en particulier pour le traitement du cancer. « Je pense que la science a une grande beauté » disait-elle. »[28]

Le modèle Curie, organisation de l'hôpital inventée par Marie Curie dès 1909 est simple : faire cohabiter chercheurs et médecins pour amener au plus vite de nouveaux traitements aux patients. Avec Claudius Regaud, elle met en place l'hôpital moderne. Celui-ci déclare : « *La fondation Curie ambitionne de réaliser [...] plus étroitement que cela n'avait été fait auparavant la coopération – Je dirais volonté la fusion,- de la recherche scientifique avec la médecine pratique* » et prône : « *Les buts que nous poursuivons sont trop difficiles pour que l'un quelconque d'entre nous puisse les atteindre seuls ... ne travaillez pas en vase clos. Ne vous cachez pas. Entre nous il n'y a pas de secret parce qu'aucun détournement n'est à craindre. Confiez-vous les uns aux autres. Aidez-vous, offrez vos services.* »

Plus d'un siècle plus tard, le temps avérant la pérennité du modèle, comment expliquer que Curie soit toujours au premier plan[29] de la Recherche et des traitements contre le cancer ? Par la modernité du modèle initial qui a non seulement su s'adapter, mais aussi anticiper les conditions « idéales » d'efficacité et d'excellence qui restent les siennes aujourd'hui. Un modèle misant sur l'humilité et donc non pas le modèle Curie au sens où Curie serait un modèle, quoique, mais modèle au sens de marque de fabrique et mode de construction comme les professionnels de l'Institut Curie le disent eux-mêmes.

A ce titre, l'extrait de l'ouvrage « L'Institut Curie »[30] est éloquent pour bien en comprendre l'esprit : « *Ces gènes fondateurs, que l'on retrouve aussi dynamiques au*

---

[28]Quatrième de couverture de l'ouvrage publié en octobre 2017 pour le cent cinquantième anniversaire de la naissance de Marie Curie : Marie Curie, une femme dans son siècle, éd- Gründ

[29] Le palmarès 2018 des hôpitaux et cliniques publié par Le Point en août 2018 classe l'Institut Curie premier contre le cancer du sein et contre les cancers gynécologiques

[30] Ouvrage publié en 2008 aux éditions Le Cherche Midi en partenariat et au bénéfice de l'Institut Curie. Préfacé par Simone Veil, ancienne ministre de la Santé

début du XXIe siècle qu'au début du XXe, sont au nombre de trois : l'autonomie donnée par les statuts, la capacité d'innovation portée par la transdisciplinarité, le rayonnement qui découle de l'ouverture sur son environnement professionnel. C'est cela la « marque de fabrique » Curie. Le tout, dans un modèle d'organisation unique, dont le principal argument est l'efficacité. L'idée est bien d'installer en un même lieu les chercheurs, les malades et les médecins. Le malade est là, [...]sa présence oriente la recherche vers des résultats concrets. Cette proximité, ce sens aigu de l'orientation des recherches, ce « circuit court » qui permet, quand des chercheurs aboutissent à de nouvelles stratégies de traitement, de les proposer le plus rapidement possible, c'est encore cela, le modèle Curie. »

Et si l'on fait l'inventaire des clés de ce fonctionnement, voici ce qui en fait le succès : Des dons privés clés de l'indépendance (via le statut de fondation), un maître mot la transdisciplinarité, le transfert entre la recherche et les soins, les liens avec l'extérieur (engagement dans la politique de santé) et une institution et des collaborateurs bien insérés dans la société (participation aux débats de société en lien avec la recherche et la santé)

Sous l'impulsion de Claudius Régaud et suivant le modèle Curie décrit, à partir de 1923 les autorités publiques créent en France quinze centres de lutte contre le cancer. Une ordonnance du général de Gaulle leur donnera un statut officiel en 1945. Ces centres sont installés dans de grandes villes qui possèdent des universités, comme le souhaitait Regaud. Ils sont regroupés depuis 1964 en un réseau, la fédération des centres de lutte contre le cancer, dite aujourd'hui Unicancer. La mise en place de la lutte contre le cancer en France telle que nous la connaissons encore aujourd'hui est issue de ce modèle. Cette idée de réunir recherche, soins et enseignement servira encore de socle aux centres hospitaliers universitaires qui conjuguent soins des patients, formation théorique, pratique des futurs médecins et professionnels de santé.

1.3.4 Conclusion : pluridisciplinarité, continuum soins-recherche

La médecine n'est pas une science exacte. En toute lucidité elle force l'humilité.

L'outil emblématique de cette position de départ pour les professionnels dans les centres de lutte contre le cancer est la Réunion de Concertation Pluridisciplinaire (dite RCP[31]). Son principe est de délivrer une décision médicale fondée sur la pluridisciplinarité de ses médecins participants. Ce faisant elle avère le sens du collectif au travail. La pluridisciplinarité est tout autant ouverture que précaution pour apporter le meilleur soin à chaque patient en fonction de l'état de la science. Au cours des RCP, les dossiers des patients sont discutés de façon collégiale. La décision prise est tracée, puis est soumise et expliquée au patient. Une RCP à visée diagnostique ou thérapeutique doit se faire en présence d'au moins 3 médecins de spécialités différentes intervenant auprès des patients atteints de cancer, permettant d'avoir un avis pertinent sur toutes les procédures envisagées. Dans le cas contraire, le dossier doit être représenté avec le spécialiste manquant dans les plus brefs délais.

Le continuum soins-recherche est un étonnement cultivé au quotidien, une addiction forte à l'humilité face à l'opportunité de découvrir une alternative de soin insoupçonnée qui fasse progresser la communauté scientifique et pas simplement l'ego.

1.4 Conclusion théorique sur la coopétition en Santé

Du don en entreprise et de l'avantage coopétitif

Ce qui se dégage depuis la dénonciation pascalienne du rationalisme exigu par l'argument du pari au jeu sans calcul, de l'expérimentation sans garantie d'exactitude ou d'escompte clairement et distinctement chiffrable, jusqu'à l'acte de don au cœur des échanges sociaux avant de n'être que marchands, c'est la mobilisation d'une volonté et d'une capacité d'aller plus loin collectivement dans une perspective profondément Humaniste : du professionnel comme du donateur en santé, chacun décide sans certitude de retour que la partie mérite d'investir plus de ressources qu'aucun chiffre ne saurait quantifier, que s'engager à parier sur l'avenir change la donne si l'on s'associe donnant-donnant pour œuvrer ensemble dans une finalité commune.

Dans le secteur sanitaire relevant du champ non lucratif, donner c'est gagner, ré-investir les bénéfices potentiels en recherche ou plateaux techniques c'est continuer,

---

dégager de la marge c'est créer de la valeur, non pas à coût de protection tous azimuts par des brevets mais en partageant et diffusant le plus largement possible un savoir utile, source de réflexion et d'inspiration pour agir ensemble au service du bien commun, ici la santé et plus particulièrement la lutte contre le cancer.

Thierry Philip, président de l'Institut Curie ne déclare-t-il pas en novembre 2017 pour la célébration des 150 ans de naissance de Marie-Curie et en hommage aux engagés de l'Institut Curie : « On ne combat pas seul « *l'empereur de toutes les maladies* »[32] *[…] La lutte contre le cancer ne se mène pas seulement à la paillasse des laboratoires et au chevet des patients, mais partout dans la société. C'est un combat économique, social, politique, éthique, juridique, international.* »

Au-delà des hommes et femmes de l'Institut Curie les donateurs sont des partenaires sans lesquels l'Institut Curie ou toute autre fondation d'utilité publique, ne serait pas le lieu d'engagement et de conviction qui continue de rassembler : A Curie, la générosité du public permet aussi d'accélérer l'innovation dans la recherche et les soins pour prendre le cancer de vitesse. Elle s'incarne dans différents actes de don : faire un don ponctuel, souscrire à un don régulier, faire un legs, faire une donation par acte notarié, être bénévole, être partenaire via une action de mécénat ou de sponsor aux événements ou programme de recherche de l'Institut.

Dès lors l'avantage coopétitif se dégage par sa disruption qui en pariant sur le don ouvre à l'opportunité d'une création de valeur sans précédent. Dans une vision Humaniste, notamment en santé, l'homme ne saurait se réduire à un loup pour l'homme. Il est capable de se doter de l'organisation utile pour décider collectivement en dépassant les ego et partager sur l'intérêt général au service du progrès scientifique et de la santé publique.

La lutte contre le cancer reste un combat et il n'est évidemment pas question ici de nier ou d'écarter le caractère parfois agressif de certaines démarches en santé s'inscrivant dans une vision concurrentielle du soin. Simplement il apparait essentiel de souligner qu'aucun déterminisme, à savoir ni fatalité, ni nécessité, ni providence, ne saurait empêcher l'œuvre collective au service de l'intérêt général et du bien commun.

Marie Curie disait que « *La science appartient à tous* ». Elle et son mari n'ont jamais souhaité breveter leur découverte du radium afin que chacun puisse en bénéficier.

---

[32] Ainsi l'appelle Siddhartha Mukherjee, médecin et chercheur en oncologie, lauréat du prix Pulitzer

Dans cette même veine désintéressée, une certaine idée de la médecine reste défendue depuis plus d'un siècle à Curie, celle que *« La science avancera plus rapidement si les chercheurs ont un accès libre au savoir »* Le Professeur Dominique Stoppa Lyonnet, médecin et chercheuse en génétique à l'Institut Curie a obtenu en 2004 la révocation d'un brevet qu'une société américaine avait acquis pour imposer un monopole sur les tests de prédisposition aux cancers du sein et de l'ovaire. Philosophiquement, son action a permis de défendre l'idée de la non-brevetabilité du génome, matière vivante qui ne peut appartenir à personne marquant un tournant dans l'histoire de la génétique et s'opposant ici à une pure logique de marché.

Synoptique

L'avantage coopétitif : à retenir !

Pas nouveau, remis en lumière par la montée des technologies qui disruptent aujourd'hui les pratiques et usages de notre économie traditionnelle

Coopétiter ou s'engager dans une entente inédite non restrictive de concurrence, dégageant de la valeur pour chacun dans un échange réciproque visant une finalité commune

Concevoir autrui non pas comme celui qui m'enlève une part mais celui qui m'élève potentiellement à plus que la part initiale

Être ouvert, curieux, conscient de sa situation paradoxale au sein d'un même système dans lequel à la fois en concurrence sur ses ressources limitées & solidaires pour en éviter la destruction

Etre audacieux : concevoir que manquer de preuve n'est pas manquer de sens et parier sur l'ouverture à l'autre, faire confiance

Donner et ainsi créer du lien social sans fin plutôt que d'escompter quelque bien dans des échanges réduits à la simple transaction économique

Entendre que donner peut générer la prospérité et que la volonté de donner dégage de la valeur au-delà de tout inventaire. Donner n'est pas gratuit puisque cela paye !

Agir en intégrant l'importance de l'ombre portée par l'avenir sur le présent

S'inscrire dans un jeu intégratif à somme non nulle, c'est-à-dire constituant un gain pour les uns et pour les autres

Ne pas être envieux : aspirer à gagner plus ensemble plutôt que battre l'autre

Etre bienveillant : commencer par coopérer en songeant à l'avenir de la relation

Etre susceptible modérément : n'éconduire que les profiteurs

Etre transparent : cultiver une lisibilité qui permette à l'autre de savoir à quoi s'en tenir

S'engager dans une réciprocité solidaire préservant l'intérêt collectif

En santé, contre le Cancer, versus Curie, l'humanisme précède la logique de marché, multidisciplinarité & continuum soins-recherche, le non lucratif généreux & rentable

DEUXIEME PARTIE

La coopétition en Santé à l'épreuve du terrain

2. Une coopétition réussie en cas d'étude

2.1 L'Institut du Thorax : Curie et l'Institut Mutualiste Montsouris[33]

2.1.1 Organisation globale des deux établissements

L'Institut Curie – Ensemble Hospitalier et l'Institut Mutualiste Montsouris sont l'un et l'autre des établissements de santé non lucratifs, précisément des ESPIC.

Le premier est un Centre de Lutte Contre le Cancer et le second un établissement dit MCO, littéralement qui pratique les activités de Médecine, Chirurgie, Obstétrique mais aussi les activités ambulatoires et la cancérologie.

L'un et l'autre sont pluridisciplinaires et aucun des deux ne pratique le dépassement d'honoraires. Curie offre sur sa partie hôpital dédiée à la lutte contre le Cancer une capacité de 365 lits et places, Montsouris pour l'ensemble de ses soins 455 lits et places.

Chaque hôpital est organisé en département cliniques et médico-techniques, placés sous la responsabilité d'un médecin praticien chef de Département.

Ce sont chacun respectivement des pôles d'excellence, désignés « Centres experts ». L'un et l'autre sont implantés à Paris (Curie comprenant en plus de son hôpital rue d'Ulm dans le 5ème arrondissement de Paris, un site à St Cloud et un site à Orsay, ce dernier étant dédié à la protonthérapie de pointe. Montsouris est localisé dans le 14ème arrondissement de Paris).

Curie est présidée par le Professeur Thierry Philip et l'ensemble hospitalier de Curie dirigé par le Professeur Pierre Fumoleau : tous deux sont médecins, oncologues comme l'exige la direction de tout Centre de Lutte Contre le Cancer. La direction générale de l'Institut Mutualiste Montsouris est occupée par Jean-Michel Gayraud, diplômé en économie de santé et ayant réalisé toute sa carrière dans des établissements de santé

2.1.2 La spécialité cible : le cancer thoracique

Le cancer a causé la mort de 8,8 millions de personnes dans le monde en 2012, surtout dans les pays en voie de développement, en raison du diagnostic tardif et l'inaptitude à proposer un traitement dans un système de santé adapté.

---

[33] Institut Mutualiste Montsouris ou IMM

Les cancers les plus fréquemment diagnostiqués dans le monde sont ceux du poumon (12,7%), du sein (10,9%) et le cancer colorectal (9,7%).

Les décès les plus fréquents sont provoqués par le cancer du poumon (18,2%), de l'estomac (9,7%) et le cancer du foie (9,2%).

Le cancer est la première cause de mortalité en France juste avant les maladies cardio-vasculaires.

Depuis 2007, l'Institut National du Cancer (INCA) publie annuellement une synthèse des données sur le cancer. Voici les chiffres clés avancés par son dernier rapport en date du 16 janvier 2018.

En France en 2017, 400 000 nouveaux cas de cancers (incidence) et 150 000 décès (mortalité). Les cancers les plus fréquents sont ceux de la prostate, du sein, du côlon-rectum et du poumon.

Chez les hommes, les trois cancers les plus fréquents sont ceux de la prostate, du poumon et du côlon-rectum. Chez les femmes, ce sont les cancers du sein, du côlon-rectum et du poumon. Ce dernier cancer connaît une progression constante chez les femmes : le nombre de nouveaux cas a été multiplié par 7 ces 30 dernières années. Le facteur de risque majeur de ce cancer est le tabagisme.

Le cancer du poumon est également en passe de devenir la première cause de décès par cancer chez les femmes. En effet, les estimations de 2017 indiquent que la mortalité féminine par cancer du poumon se rapproche de plus en plus de la mortalité par cancer du sein.

Le cancer du poumon augmente donc manifestement chez la femme en incidence et en mortalité.

Le cancer du poumon est une des pathologies thoraciques ciblée par la constitution de l'Institut du Thorax, objet du partenariat inédit de Curie et Montsouris, constitué formellement en 2016.

2.1.3 Un partenariat inédit « gagnant-gagnant »

L'Institut du Thorax Curie-Montsouris, dit ITMC, regroupe l'expertise et les compétences des unités de chirurgie thoracique et de pneumologie de l'Institut Mutualiste Montsouris et des unités d'oncologie thoracique et de radiothérapie de l'Institut Curie.

Il revêt la forme juridique d'une convention de coopération entre les deux établissements de pointe signée le 27 mai 2016 visant à mutualiser leurs activités médicales et logistiques pour renforcer la prise en charge globale et accrue en termes de performance des patients atteints de cancer inhérent aux pathologies thoraciques en

Ile de France. Dans son principe initial donc, cette coopération fait non seulement converger son offre de soins, à actualiser dans un nouveau scénario, avec les besoins exprimés du territoire, mais aussi en cohérence avec les orientations de la politique régionale de santé.

Ce partenariat se fonde sur une volonté de s'unir pour co-construire la meilleure réponse possible en Santé et s'incarne dans la complémentarité de l'activité des deux centres experts, renforcée par leur proximité géographique et soutenue désormais par leurs réunions scientifiques communes et leur partage d'expérience dans les innovations et la recherche clinique jusqu'à l'opportunité d'inclusion dans des essais précoces.

L'objectif de l'Institut du Thorax Curie-Montsouris est de traiter efficacement et rapidement les patients atteints d'un cancer ou de toute autre pathologie du thorax.

Concrètement, son intérêt essentiel porte sur son offre de soins rendue optimale via un accès privilégié aux innovations de dépistage, diagnostiques, thérapeutiques et à la recherche.

Ce partenariat est bénéfique pour les patients comme pour les deux institutions. Il est dit « gagnant-gagnant » en améliorant, voire créant des filières de soins innovantes, c'est-à-dire non seulement en offrant aux patients une innovation constante et une prise en charge optimale mais aussi en développant et diversifiant l'activité de chaque établissement, entendez en améliorant l'efficience économique des structures, pour remplir leurs missions respectives rendues commune mais à un niveau d'exigence supérieure dans l'alliance sur le thorax.

Lors de sa signature le Directeur[34] de l'hôpital de l'institut Curie déclare : « *A travers ce partenariat, Curie poursuit sa politique de partenariats territoriaux avec d'autres établissements hospitaliers de pointe. Notre ouverture vers l'extérieur est une passerelle qui nous mène à plus d'innovation. Ce type de partenariat participe aussi à offrir une prise en charge du cancer égalitaire sur le territoire francilien pour toutes localisation tumorale.* ». Le directeur général de l'Institut Mutualiste Montsouris poursuit : « *s'adosser à un centre de référence en cancérologie réputé pour sa recherche et son expertise clinique complémentaires de ceux de l'IMM répond à notre souci permanent d'apporter à nos patients une offre de soins de qualité et parfaitement adaptée.* »

Finalement, *a minima*, quatre types d'impacts positifs érigent la coopération en opportunité de pari stratégiquement gagnant pour l'ensemble des parties-prenantes :

Le premier permet de mieux structurer les filières de soins, via la mobilisation de chaque acteur clef et l'ouverture à de nouveaux modes d'organisation favorisant de

---

[34] Le Docteur Marc Estève auquel succède le 1[ier] septembre 2017 le Docteur Pierre Fumoleau

meilleures prises en charges. A l'institut du Thorax c'est dans cette alliance clef que l'on rend possible l'inclusion dans des essais précoces entendue comme alternative en cas d'échec thérapeutique antérieurs.

Le second offre d'améliorer la qualité et la sécurité des soins, en sécurisant notamment la réponse à la mission de service public ou encore en harmonisant les best practices.

Le troisième rend possible une susceptible amélioration de l'organisation et des conditions de travail, en optimisant par exemple l'emploi des ressources médicales.

Le quatrième optimise l'efficience économique des établissements en contribuant à l'atteinte du niveau d'activité pertinent, en créant des équipes communes et en améliorant la situation financière de chaque établissement tout en maîtrisant les dépenses de l'assurance maladie (Recette de la T2A[35]).

Ce faisant l'Institut du Thorax Curie-Montsouris, convention de coopération entre Curie et l'IMM, affirme dans le recouvrement de sa dimension territoriale sa volonté de dépassement des intérêts individuels des acteurs impliqués.

Il est ouvert à tous, sans dépassement d'honoraires, et prend en charge l'ensemble des pathologies du thorax[36] dans une mission d'intérêt collectif affiché au regard de la progression de ce type de cancer.

Union vertueuse couvrant un domaine majeur de santé publique il s'y affirme avec le rôle essentiel de la recherche clinique et fondamentale dynamisant ses équipes au service de l'innovation et de la qualité des soins. Il met en commun les ressources, croise les savoirs et installe un échange permanent entre professionnels afin de favoriser dans l'émulation déjà pluridisciplinaire des collaborations cette fois « *méta centres experts* » de haute volée et génératrices d'innovation. C'est bien au sein de cette « *super structure* » qu'est rendue possible la promotion de nouvelles connaissances et l'essor de nouveaux diagnostiques comme thérapeutiques à destination du patient.

---

[35] T2A : tarification à l'acte médical
[36] Les pathologies du thorax = cancer du poumon, tumeur du médiastin et du thymus, tumeurs de la tranchée, tumeurs de la paroi thoracique, pathologies bénignes.

UN PARTENARIAT INNOVANT

En raison de leur **complémentarité** et de leur **proximité** géographique, l'Institut Curie et l'Institut Mutualiste Montsouris associent leurs compétences médicales et scientifiques et leurs moyens en pneumologie en créant l'Institut du thorax Curie-Montsouris.

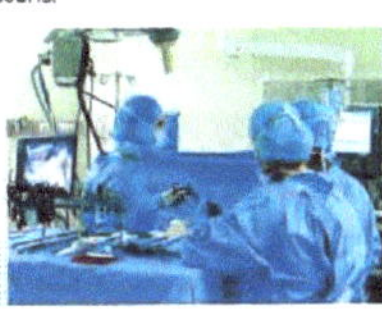

LES OBJECTIFS DE L'INSTITUT DU THORAX CURIE-MONTSOURIS

- Améliorer le parcours et les traitements des patients atteints de pathologies thoraciques.
- Regrouper toutes les compétences pour une prise en charge globale des cancers du poumon, de la plèvre et du médiastin.
- Garantir un accès à l'innovation à toutes les étapes de la maladie.

A PROPOS DE L'INSTITUT CURIE

L'Institut Curie, acteur de référence dans la lutte contre le cancer, associe un Centre de Recherche de renommée internationale et un Ensemble Hospitalier de pointe qui prend en charge tous les cancers, y compris les plus rares.

Fondé en 1909 par Marie Curie, l'Institut Curie rassemble sur trois sites (Paris, Saint-Cloud, Orsay) plus de 3 400 chercheurs, médecins et soignants autour de trois missions : la recherche, les soins et la conservation et la transmission des savoirs.

Notre projet pour l'avenir, le projet d'établissement 2015-2020, MC21, s'inspire directement du modèle inventé par Marie Curie en 1909 : faire cohabiter chercheurs et médecins pour proposer au plus vite de nouveaux traitements aux patients.

Pour en savoir plus **curie.fr**

A PROPOS DE L'INSTITUT MUTUALISTE MONTSOURIS - IMM

Né en 1999 de la fusion de l'Hôpital International de l'Université de Paris et du Centre Chirurgical de la Porte de Choisy, l'IMM est un établissement de santé privé d'intérêt collectif ouvert à tous sans dépassement d'honoraires.

Pluridisciplinaire, il offre une prise en charge en équipe médico-chirurgicale dans de nombreux domaines. Pôle d'excellence en recherche et enseignement, l'IMM est à la pointe des innovations technologiques et figure parmi les meilleurs établissements de France.

Pour en savoir plus **imm.fr**

INSTITUT CURIE
26 rue d'Ulm
75005 Paris

01 84 95 95 00
contact@thoraxparis.fr
thorax-curie-montsouris.com

INSTITUT MUTUALISTE MONTSOURIS
42 bd Jourdan
75014 Paris

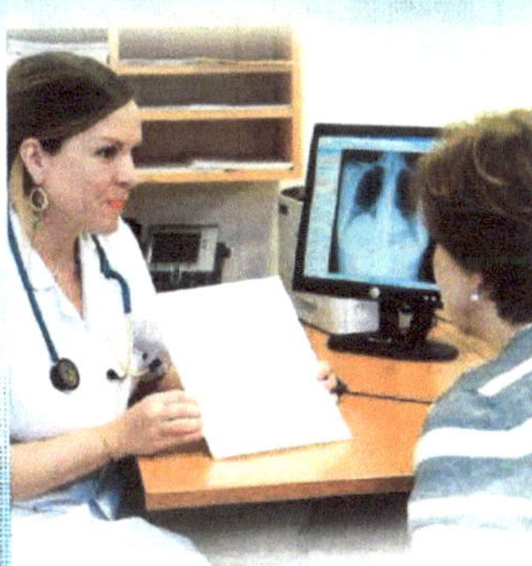

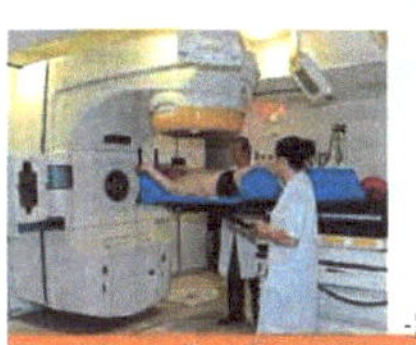

LA RECHERCHE ET L'ENSEIGNEMENT

La stratégie de l'Institut du thorax Curie-Montsouris repose sur la capacité de la recherche à innover pour proposer des nouveaux traitements, médicaux et chirurgicaux. Les essais cliniques, y compris précoces, et notamment concernant la réponse immunitaire, sont au cœur du projet.

Pour ce faire, l'Institut du thorax Curie-Montsouris s'appuie sur un plateau technique de pointe, le plus complet d'Ile-de-France. Il a pour vocation de proposer aux malades les innovations thérapeutiques et de participer à la recherche sur les pathologies du thorax.

40 000 NOUVEAUX CANCERS DU POUMON PAR AN EN FRANCE

1 400 PATIENTS PRIS EN CHARGE PAR AN À L'INSTITUT DU THORAX CURIE-MONTSOURIS

30% DE SURVIE À 5 ANS EN PLUS, ET PLUS DE GRÂCE À L'IMMUNOTHÉRAPIE

UN PARCOURS DE SOIN PERSONNALISÉ

Les traitements des pathologies du thorax deviennent de plus en plus personnalisés et nécessitent l'expertise d'équipes pluridisciplinaires.

La réunion des expertises de l'Institut Curie et de l'Institut Mutualiste Montsouris assure une **prise en charge globale des patients**, discutée en Réunion de Concertation Pluridisciplinaire (RCP) rassemblant un praticien expert de chaque spécialité de l'Institut du thorax Curie-Montsouris.

L'Institut du thorax Curie-Montsouris a donc pour objectif la création d'un **parcours patient individualisé** dont chaque étape (dépistage, diagnostic, traitement et suivi) fera l'objet d'une prise en charge multidisciplinaire, adaptée, humaine, rapide et performante, dès la prise de rendez-vous.

Les patients bénéficient en outre de l'environnement médical des deux structures et d'un plateau technique de pointe en imagerie médicale, biopathologie et radiothérapie.

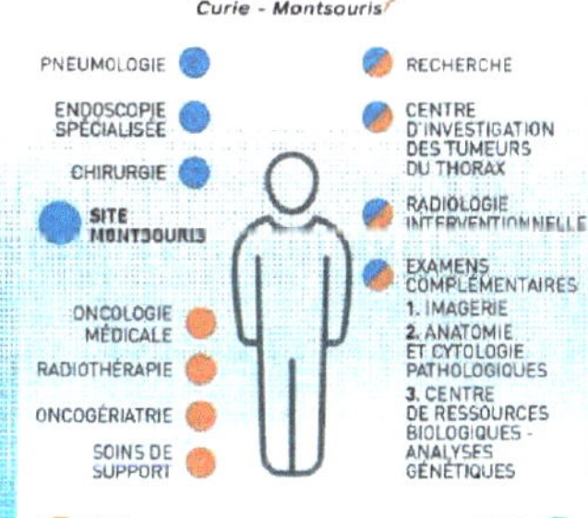

« La recherche clinique est au cœur du projet avec la possibilité d'accéder aux essais précoces pour un plus grand nombre de patients. L'Institut du thorax Curie-Montsouris dispose ainsi d'une ouverture vers la recherche translationnelle, indispensable à l'innovation thérapeutique, qui repose sur un centre de ressources biologiques partagé. »

PR NICOLAS GIRARD
RESPONSABLE DE L'INSTITUT DU THORAX CURIE-MONTSOURIS

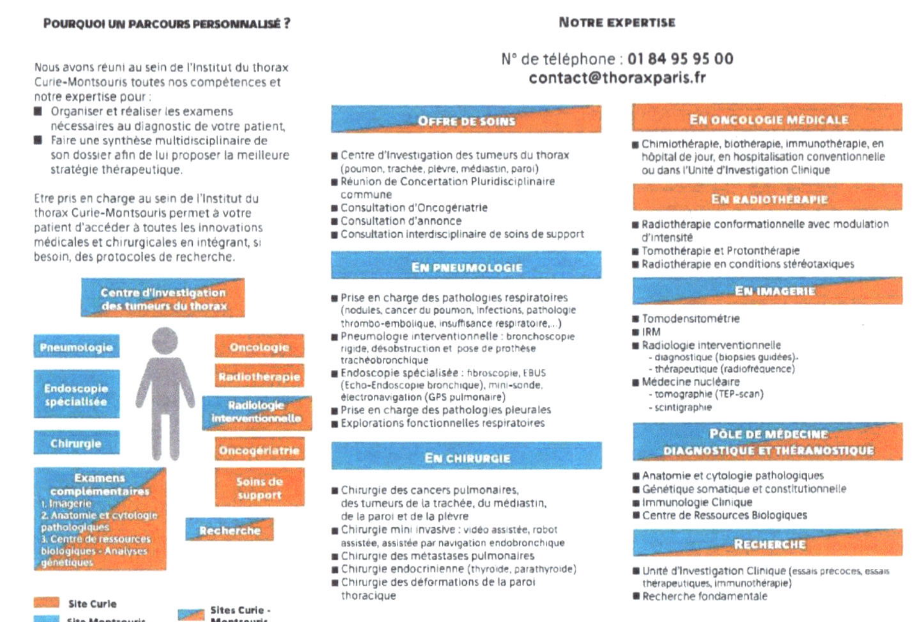

2.1 Hypothèses sur la Coopétition à L'Institut du Thorax

En quoi la coopétition, combinant simultanément coopération et compétition, est-elle une forme particulière de coopération efficace dans le secteur de la santé à but non lucratif et de mission de service public ? Le cas de l'Institut du Thorax dans son union gagnante de Curie et de Montsouris fournit une coopétition réussie dans son but ultime de lutte contre le cancer. Trois hypothèses à éprouver sur le terrain expliqueraient ce succès. Exposons-les.

2.2.1 L'émulation de l'excellence médicale via des RCP[37] augmentées

La culture d'excellence partagée par les professionnels de chaque centre expert contribuerait à la réussite de cette coopétition.

Pour les professionnels engagés dans l'aventure de l'Institut du Thorax Curie-Montsouris, il serait question d'être le meilleur parmi les meilleurs dans une émulation au travail à la fois élitiste et généreuse. Autrement dit, l'émulation qui m'up grade, médecin que je suis au sein de l'Institut du Thorax, dans le partage et l'échange avec mes pairs de nos connaissances et avis pour décider ensemble de la meilleure thérapie à proposer au patient et à mette en place de manière concertée en un pôle unique

---

[37] RCP : Réunion de Concertation Pluridisciplinaire.

d'experts d'exception (avant cela seulement confrères dans des institutions clivantes en manquant l'opportunité de maximiser l'excellence en les réunissant autour d'un objectif mutuel et simultané) motiverait au plus haut point mon exercice.

La participation à une RCP augmentée, entendez Réunion de Concertation Pluridisciplinaire offrant l'opportunité d'une transversalité médicale des meilleurs spécialistes de chaque discipline parmi les spécialistes, serait moteur non pas seulement pour « *mobiliser les salariés* »[38], mais surtout, au sein de cette organisation coopétitive, source sans équivalent d'une volonté de donner le meilleur de soi au sein du collectif constitué défiant tous les standards et sentiers battus empruntés jusque-là.

2.1.11+1 = 3 en « gagnant-gagnant »

Le rapprochement de deux hôpitaux aux cultures proches et « *de la même famille* » en termes de valeurs avec deux ESPIC en Santé dont l'un est héritier de Marie Curie et l'autre issu du modèle mutualiste favoriserait la réussite de l'alliance vertueuse.

Un modèle sanitaire et économique donc avec des financements fléchés par la reconnaissance confirmée de la mission d'intérêt collectif de l'Institut du Thorax dans une visée à moyen terme de croissance en plus de la diversification d'activité et d'efficience de chaque établissement dans cette mutualisation maximisée.

Autrement dit, concaténer le meilleur de l'Institut Curie avec l'Institut Mutualiste Montsouris pour créer l'Institut du Thorax pourrait être un facteur gagnant-permissif. Le concept de coopétition devant dès lors être entendu non pas simplement comme opposition à la coopération, comme la première partie de notre étude consacrée au cadre théorique le laisse entendre, mais de manière plus complexe comme une de ses figures exacerbées : coopétition en soi instable, chaotique, incertaine, fragile, etc.

La convention de partenariat contractualisée entre les deux établissements hospitaliers mutualisant concrètement le meilleur de l'expertise oncologique et le Centre de Recherche de Curie avec la chirurgie thoracique et la filière de patients de l'Institut Mutualiste Montsouris offrirait dès lors une structure d'un troisième type, l'Institut du Thorax, nécessairement ultra efficiente : 1+1 ferait 3 *a minima* lorsqu'il ne pourrait faire que 0,5 ou même pire : moins 2 !

L'excellence médicale de l'hypothèse une serait donc renforcée dans notre hypothèse deux par une organisation fixée dans une convention qui aurait le talent de neutraliser des antagonismes de faits ou probables en faisant droit à une relation novatrice inter firmes plus puissante à travers ce fameux Institut du Thorax.

La visée d'un pôle de compétences unifiées et de partage des ressources présupposerait une vision claire et une bonne distribution des rôles, objet du cadre de

---

[38] ALTER Norbert, Donner et prendre, la coopération en entreprise, 4ième de couverture.

collaboration conventionné entre Curie et l'IMM pour travailler ensemble au sein de l'Institut du Thorax.

2.1.2 L'éthos transcendantal du Care et sa coopétition éthique

Une éthique du *Care*, au-delà du simple *Cure*, transcenderait les professionnels de l'Institut du Thorax engagés dans une coopétition par la volonté de voir plus loin, non seulement en faisant reculer le cancer du thorax, mais aussi en repoussant les limites de la science en la matière.

Le *Care* entendu comme prendre soin, donner de l'attention, manifester de la sollicitude avec une responsabilité qui me rend à cet instant, médecin que je suis insubstituable et qui en plus de l'évaluation par l'efficacité, se mesurerait également via ce que le bénéficiaire de mes soins, de mon attention et de ma sollicitude pourrait en dire. Plus encore mon engagement m'obligerait telle une sommation éthique à répondre à un appel d'excellence qui ne se satisferait pas du seul soin mais également de soin de pointe sans cesse à renouveler et de sa maitrise pour le transmettre.

Autrement dit un ethos qui transcenderait les actions humaines dans une coopétition éthique.

Cet ethos s'incarnerait dans le triptique de haute volée qui les anime au sein de la lutte contre le cancer : soigner, chercher, enseigner.

2.2   Méthodologie et résultats

2.2.1 Une enquête in situ(s), des entretiens semi-structurés

La présente étude est fondée sur une observation directe favorisée par ma fonction (Responsable RH) au sein de l'Institut Curie et complémentaire à la conduite d'entretiens semi-structurés.

Ces entretiens ont été conduits aux mois de juin et juillet 2018 à l'Institut Curie et à l'Institut Mutualiste Montsouris suivant la localisation des professionnels interviewés.

Sept interviews ont été programmées, six réalisées tous avec le Top Management de l'Institut Curie, de l'Institut Mutualiste Montsouris et de l'Institut du Thorax.

Protocole, outils, méthode de l'enquête par entretien semi-directif se sont déroulés comme suit :

Un entretien exploratoire a été mené avec une Direction avant d'engager les entretiens semi-directifs en nombre.

L'entretien visait à éprouver les hypothèses.

Le guide d'entretien reposait sur six questions essentielles :
- Parlez-moi de l'Institut du Thorax, que représente-t-il selon vous ?
- Quelle est la nature de ce partenariat inédit entre l'Institut Curie et l'Institut Mutualiste Montsouris à l'origine de l'Institut du Thorax Curie-Montsouris ?
- Comment les gens de cette nouvelle structure travaillent-ils les uns avec les autres ?
- Avez-vous un modèle de référence, organisationnel, managérial ou autre qui l'explicite ?
- Selon vous que faudrait-il pour garantir la pérennité de ce partenariat inédit ?
- Qu'est-ce qui vous permet d'affirmer que cet Institut du Thorax est une réussite ? Comment le mesurez-vous ?

Le guide d'entretien n'a pas été présenté aux interviewés. Les entretiens ont été menés sur le mode de la conversation entre quarante cinq minutes et une heure.

Ils ont été enregistrés à l'aide d'un dictaphone. Dès autorisation d'enregistrement pas l'interviewé, prévenu lors de la prise de rendez-vous pour l'interview, le dictaphone est abandonné discrètement sur la table ou bureau suivant l'endroit où se déroule l'entretien.

La transcription des propos est anonymisée « de principe », quoique facilement identifiable en raison de la taille de l'échantillon et des postes peu nombreux occupés par les interviewés.

2.2.2 Une complémentarité élitiste et gagnante toute d'humilité

Nous avons vu au travers d'un cadre théorique structurant notre première partie d'étude que la coopétition relève d'alliances inédites conçues lorsque l'Organisation seule ne se suffit plus pour avancer. Levier d'innovation, conception disruptive de la notion de marché renouvelant l'approche des échanges au-delà de la pure transaction économique, elle libère une voie avant tout de coopération créant de la valeur dans des rapprochements complémentaires et stimulants prévus pour gagner ensemble en conscience.

Notre approche critique du don a permis de dégager l'avantage dit coopétitif par nuance avec l'avantage concurrentiel d'ordinaire consacré. Donner pour s'inscrire dans du gagnant-gagnant, quoique paradoxal, affirme le don gagnant dans un désintérêt payant.

Fort de ce pari volontaire de la confiance, c'est une approche renouvelée des dynamiques relationnelles entre les entreprises que propose la stratégie de coopétition.

De fait, sur le terrain le paradoxe de la coopétition entre Curie et l'IMM est résolu sur un plan spatial : les établissements se concurrencent et coopèrent en même temps, mais pas sur les mêmes points : l'oncologie de l'IMM n'a rien à voir avec l'activité oncologique de Curie mobilisée pour lutter contre le cancer thoracique dans la coopétition vertueuse des deux établissements.

Le coordinateur médical de l'Institut du Thorax Curie-Montsouris l'atteste : « *il n'y a pas de compétition car Montsouris ne fait pas ce que l'on fait à Curie et Curie ne fait pas ce que l'on fait à Montsouris. Même l'oncologie médicale déjà existante à Montsouris se déclare non compétente sur notre cible et n'a donc pas envie de le faire, c'est transparent.* » Et à la question insistante « *Mais comment fait-on pour placer des gens soit de Curie, soit de Montsouris au sein de l'Institut du Thorax et que tout ça soit vécu comme vertueux ?* » il poursuit « *Par la complémentarité justement !* »

Ainsi, les « pairs dépareillées » d'oncologues, pourrions-nous dire, car soit concourant à l'Institut du Thorax via Curie, soit de l'IMM mais pour l'IMM exclusivement et donc hors de l'appareil commun que constitue l'Institut du Thorax, ne peuvent entrer en concurrence les uns avec les autres. Ils sont simplement spatialement tenus hors compétition les uns par rapport aux autres car ne partageant ni la même cible (les pathologies du Thorax), ni le même périmètre, bien que tous simultanément d'une même famille engagée dans la lutte contre le cancer et bénéficiaires en confrères d'une émulation constructive renouvelée.

Regardant l'organigramme[39] des zones « hybrides » mi-Curie, mi-Montsouris de l'expertise interpellent cependant. L'offre de soins comme l'imagerie « bi-colores » sur le flyer paraissent logiques, il s'agit bien d'une nouvelle offre de soins partagée et d'une opportunité à Curie ou à Montsouris pour l'Institut du Thorax suivant l'endroit où sont localisés les équipements lourds. En revanche, la distribution entre les établissements des pôle Médecine Diagnostique et Théranostique comme du pôle Recherche paraissent moins évidentes. Le coordinateur le concède : « *Là où ça marche moins avec Montsouris c'est sur l'anapath. Curie et Montsouris ont essayé mais c'était mal vécu parce qu'ils faisaient un peu les mêmes choses. Du coup suivant le lieu du prélèvement on répartit entre Curie et Montsouris. La plupart sont réalisés à Montsouris parce que c'est là que les prélèvements ont lieu* ». Le même crée de la concurrence tandis que la singularité de l'expertise des pairs crée bien de la complémentarité.

---

[39] Voir en page 28

Dans son principe, l'alliance constitue bien un levier de réorganisation des soins dépassant les logiques de concurrence entre établissements sur un même territoire en favorisant les complémentarités entre les acteurs.

La plaquette de l'Institut du Thorax l'affiche clairement « *Un centre d'excellence pour les pathologies du poumon et du thorax* » en rendant compte de sa raison d'être : « *En raison de leur complémentarité et de leur proximité géographique, l'Institut Curie et l'Institut Mutualiste Montsouris associent leurs compétences médicales et scientifiques et leurs moyens en pneumologie en créant l'Institut du Thorax Curie-Montsouris* ».

Les directeurs adjoints des établissements le confirment « *Le succès de notre partenariat ? Notre complémentarité. Nous réussissons grâce à cela et à l'équilibre sur lequel nous sommes vigilants et sur le principe essentiel du win win. Il faut bien comprendre que l'Etat via la DGOS[40] et les ARS[41] conduit une politique d'organisation de la Santé orientée sur la complémentarité et ne souhaite pas d'infrastructure redondantes. La concurrence politique est absurde ! Il s'agit de gérer l'argent public même si Curie comme Montsouris sont des établissements privés. Cette complémentarité est une véritable opportunité pour tous car le parcours patients devient commun aux deux structures réunies en Institut du Thorax qui offre une Réunion de Concertation Disciplinaire (RCP) optimisée. A ce niveau là de RCP, tout est disponible, c'est très challengeant pour les médecins*»

Des Réunions de Concertation Pluridisciplinaire augmentées, serions-nous tentés de dire, stimuleraient les professionnels réunis dans l'Institut du Thorax Curie-Montsouris. Pourtant aucun d'eux n'y fait individuellement référence. Comme si l'élite relevait d'avantage du devoir d'excellence pour faire reculer le cancer que d'un attribut propre à chacun au sein de la réunion.

A la question posée à la Direction adjointe en charge des Ressources Humaines sur le profil des médecins engagés dans l'Institut du Thorax Curie-Montsouris la réponse est fluide : « sens du collectif, humble, capacité à accepter d'être deux premiers »

---

[40] DGOS : Direction Générale de l'Offre de Soins. Elle élabore et s'assure de la mise en œuvre des politiques publiques à même de « *répondre aux défis auxquels fera face le système de santé dans les prochaines années : concrètement, satisfaire aux besoins de soins grandissants de la population tout en assurant la pérennité d'un financement solidaire. Mais aussi mettre en œuvre les grandes orientations de la stratégie nationale de santé et de la future loi de modernisation de notre système de santé portée par le gouvernement. Pour cela la DGOS se place en situation de pilotage stratégique et agit de manière innovante en démarche projet, en animation et en appui de réseaux d'acteurs, ainsi qu'en évaluation de ses politiques* » ; source Ministère des solidarités et de la Santé

[41] ARS : Agences Régionales de Santé. Créées en 2010 et affiliées au Ministère de la Santé, elles sont chargées de la mise en œuvre de la politique de santé dans leurs régions

Autrement dit pas de vanité, mais l'humilité de ceux conscients du niveau requis dans un élitisme finalement sans complaisance avec l'exigence de premier niveau à atteindre ensemble pour soigner et découvrir de nouveaux traitements.

Aucun médecin n'argue l'excellence individuelle mais la nécessité de faire mieux et simultanément l'impossibilité de le faire seul.

La multidisciplinarité comme la transversalité des pairs semble métabolisée, ne faisant plus débat puisque la raison d'être de leur participation contributive à l'Institut du Thorax.

Il est par ailleurs notoire que l'Institut du Thorax émane du terrain, de la volonté des médecins, de l'IMM se tournant vers la Direction de Curie, le Directeur général d'un centre de lutte contre le cancer étant lui-même médecin, pout faire alliance et proposer une filière thoracique complète et pour permettre à Curie de diversifier son modèle et s'emparer de la lutte contre un autre cancer que ceux déjà combattus. La Direction générale en charge de la stratégie et des projets le confirme :« *Les éléments clefs de réussite c'est avant toute chose, avant même l'aspect institutionnel, avant l'aspect politique, la coopération réussie parce qu'elle vient du terrain. Les coopérations demandées par la Direction c'est toujours plus compliqué. Les coopérations dont l'initiative vient du terrain et sont supportées par les Directions … enfin le fait dans un établissement comme le nôtre (Curie), d'avoir un Directeur qui est médecin ça simplifie beaucoup, ça fait porter les légitimités, c'est pour cela que c'est intéressant de travailler dans un établissement ou le Directeur est médecin.* » et à la relance : « *finalement on a un Directeur de terrain ?* » Elle poursuit « *Oui ! ça permet de légitimer politiquement, scientifiquement, médicalement les actions portées* ». Décision et direction (en minuscule pour désigner aussi l'orientation) convergent dans la communauté d'expertise engagée vers l'excellence, car si d'ordinaire « *Tout dirigeant, par définition décide, tout décideur ne dirige pas* »[42]. Ici, le driver médical est hautement légitime, comme porté tous azimuts par le collectif constitué.

Le sens précède l'autorité et la notion de « chef » éloignée d'un leadership évident pour coordonner l'activité de l'Institut du Thorax Curie-Montsouris. Le coordinateur médical le concède « *Dans les CHU on fait « monter » les jeunes, il y a peut-être moins de problèmes, à Curie c'est différent, c'est très ouvert et s'il y a un leader tout le monde est d'accord, il doit être incontestable et incontesté.* » Et à la remarque suivante « *Mais vous précisément, vous, à la tête de l'Institut du Thorax Curie-Montsouris vous n'êtes originaire ni de Curie, ni de Montsouris, n'est-ce pas ?* » il précise « *Il fallait*

---

[42] THUDEROZ Christian, Décider à plusieurs, page 33 « la décision comme acte d'autorité et offre de soumission »

probablement quelqu'un d'extérieur. Je viens des Hospices Civiles de Lyon et je suis Professeur d'Université et Praticien Hospitalier, spécialiste en oncologie thoracique ». Il poursuit en précisant que dans les organigrammes de Curie ou Montsouris il apparait seul et pourtant en interaction avec tous, Une tête « hors sol », toute d'humilité « *il faut savoir se mettre en retrait parfois pour avancer* » mais connue et reconnue compétente, précisant qu'il a eu une période de « *fiançailles* » pour apprendre à ce connaître avant d'aller plus loin. Leader en publiant beaucoup d'articles scientifiques, en étant PU-PH et expert d'exception détaché finalement de la fonction publique pour faire dialoguer deux centres privés experts à la complémentarité à stimuler vertueusement en cohérence avec les orientations de politique publique, les projets d'établissements.

Et lorsqu'on lui demande « j'essaie de faire la part des choses, qui apporte quoi à qui et comment y gagne-t-on ? Qui gagne le plus ? », il répond « *Tout le monde gagne dans la complémentarité, il n'y a pas de perdant. C'est les ouvriers de la onzième heure, cette parabole dans les évangiles : il y avait un responsable d'exploitation agricole qui embauchait des ouvriers dès huit heures du matin et leur demandait de travailler, travailler, travailler. Mais le travail ne produisait pas à hauteur de ce qu'il attendait. Alors progressivement il se mit à embaucher toutes les heures au même salaire. A la onzième heure certains perçoivent le même salaire que ceux ayant débuté avec le lever du soleil, ces derniers pensent que cela est injuste. Mais le maître de maison dit que non car ce n'est pas parce qu'ils gagnent plus que toi que tu gagnes moins* ».* Autrement dit chacun est rémunéré également, peu importe le moment où il a entamé le labeur et « *Ce qui compte aujourd'hui c'est que nous soyons en capacité ensemble de proposer une filière complète en oncologie thoracique avec l'opportunité de faire avancer la médecine* ».

Et de fait le collectif de médecins, réuni en RCP « augmentée » a conscience d'une fin commune.

La perception de l'évaluation est tout aussi collectivement raisonnée. Elle ne saurait donner dans le saupoudrage sans relief d'une pure rétribution à part égale : ce n'est pas ce qu'offre le maitre de maison cité plus haut. Elle n'est pas non plus discrimination au mérite qui génère rivalité et compétition : le maitre de maison la refuse. Elle est répartition à part égale de la création de valeur : simultanément émulatrice et solidaire.

1+1 ferait bien 3 en situation alors que dans un autre cadre 1+1 pourrait ne faire que 0,5 ou même pire : moins 2 !

2.2.3 Une convention structurante, l'organisation pilotée & suivie

Le coordinateur médical démarre en interview sa présentation de l'Institut du Thorax par « *L'Institut du Thorax Curie-Montsouris est un partenariat déjà formalisé, donc normalement nous ne sommes pas en compétition* »

Car de fait l'intérêt de la convention de coopération, nous l'avons déjà précisé, est bien de dépasser les logiques de concurrence pour un même territoire couvert par une complémentarité active en termes d'offre de soin ainsi optimisée.

Cela présuppose donc une vision et une stratégie de rapprochement inhérente fondée sur des intérêts clairement partagés qui du donnant-donnant vigilant permettent de passer au gagnant-gagnant.

Le pari escompte que l'union des deux pôles d'excellence fera reculer comme jamais auparavant le cancer du poumon : c'est bien l'augmentation de l'ombre portée de la stratégie médicale partagée dans sa vision et déclinée en objectifs opérationnels qui permet de fédérer sur les deux sites hospitaliers les expertises du département de pneumologie et de chirurgie thoracique de l'IMM et les départements d'oncologie médicale et de radiothérapie de l'Institut Curie. Le coordinateur médical le confirme : « *Avec la création de l'Institut du Thorax, nous offrons à tous les patients l'accès à un bilan spécialisé permettant un diagnostic rapide, et proposons les traitements les plus innovants dans une approche globale adaptée à chaque patient. Cette expertise pluridisciplinaire et la personnalisation de la prise en charge sont au cœur de la mise en place de notre institut.* »

Le rôle de chacun est clairement distribué et ce jusqu'au poste unique de coordinateur médical des 2 établissements, médecin détaché de Lyon, initialement ni de Curie, ni de Montsouris, nous l'avons vu, et également Professeur des Universités impliqué dans plusieurs programmes de recherche clinique évaluant de nouvelles stratégies de traitement des cancers broncho-pulmonaires et des tumeurs thoraciques rares. Pneumologue spécialisé en oncologie, il assure l'organisation, le fonctionnement et le développement de ce pôle unifié d'excellence. Il est responsable de la coordination du parcours patient, concepteur de la feuille de route comportant les objectifs et actions de ce pôle en matière de soins, de recherche et d'enseignement, en lien avec le comité de pilotage et de suivi de ce partenariat. C'est bien lui qui évoque la parabole de l'ouvrier de la onzième heure. Il est autorité sans pouvoir recherché : le sage. (Contrairement au pouvoir sans autorité = dit « petit chef »). Selon lui la convention de coopération structurant le partenariat prévient si ce n'est garantit la « bonne entente ».

La Direction générale en charge de la stratégie et des projets l'affirme explicitement : « *Il faut que ce soit gagnant-gagnant pour que cela fonctionne, il faut que chaque établissement perçoive bien ses intérêts et que ces intérêts soient clairement partagés. Il faut trouver le bon deal. L'institut du Thorax ce n'est pas plus ou moins Curie et plus ou moins Montsouris, non l'Institut du Thorax Curie-Montsouris c'est vraiment les deux établissements. Il a même son logo propre car l'identité est importante. Donc il y a ce sentiment d'appartenir à cette structure, le sentiment d'appartenance à une structure qui fonctionne au bénéfice du patient. C'est une structure nouvelle qui fonctionne comme une start-up, une structure agile, sans doute plus facile à mettre en place dans des établissements privés que dans le public. On a l'institut et tout ce qui va autour, les supports qui sont essentiels à son bon fonctionnement : le système d'information notamment mais pas seulement, il faut aussi animer et piloter, veiller à la bonne montée en charge une fois l'institut monté. Et une des clefs du succès c'est aussi l'outil juridique choisi : une coopération de collaboration, outil non contraignant mais protecteur.* »

Sur le pilotage, elle poursuit : « *Pour le pilotage c'est avant tout une animation régulière, avec des COPIL restreints, un dialogue continu avec une vraie disponibilité, il faut être joignable, rapidement joignable, ne pas laisser le temps trop s'écouler entre les sujets, il faut aussi sentir les choses, l'ambiance en réunion et puis construire, avoir une dynamique, ne jamais s'endormir sur ses lauriers.* »

La coopération de fait est construite sur un projet murement réfléchi, validé, déployé, animé et suivi. La confiance n'est de fait pas incantatoire mais construite au fil du temps. Les indicateurs de performance, d'activité, de l'aveu des Directions ne sont pas encore tout à fait rodés. Mais pondèrent-elles, « *le plus important relève des comités de pilotages réguliers et dynamiques ; Là aussi on mesure, on apprécie et on partage* ».

Les deux maisons non lucratives aux valeurs communes se connaissent depuis des années et inscrivent leur dialogue dans une vision intégrative où l'altérité ne saurait s'y altérer.

Et de fait, le nombre de patients croit, la lisibilité en termes de recherche, auprès des territoires qui adressent des patients, au travers des congrès organisés atteste du gain commun.

2.2.4 La vocation comme supplément d'âme

Ce qui oblige les médecins les uns par rapport aux autres dans l'aventure humaine de l'Institut du Thorax Montsouris, relève, nous l'avons déjà évoqué de la conscience d'un destin commun.

Pas d'ego mais une capacité à se mettre en retrait pour accueillir.

Le coordonateur médical le dit : « *Il faut savoir se mettre en retrait* ». Pour jouer collectif, non pas aban-donner la partie mais s'a-donner au jeu. Dans la veine non lucrative il n'est pas question de renoncer à toute richesse mais bel est bien de la développer au service exclusif du bien commun.

A observer les médecins de l'Institut se dégage très rapidement une hospitalité à part, celle de l'hospitalier dans sa vocation médicale : « *je est un hôte* » restitue cette dynamique, une liberté toute lévinassienne, de l'ordre du supplément d'âme, une forme d'appel impératif à l'excellence entre irréductible responsabilité et sommation éthique : « *Jean Greisch dans son article consacré à Emmanuel Lévinas définit clairement l'enjeu de cette liberté relative chez Lévinas qui confirme un sujet de l'appel confronté à une responsabilité infinie. La liberté qui n'est plus pensée sous le signe de l'autonomie, mais sous le signe de la responsabilité, ne peut être que difficile, dans la mesure où elle assigne irrévocablement le sujet à autrui.*

'L'hétéronomie, contre laquelle les Lumières se sont déchainées, au nom de l'exigence d'une raison adulte et émancipée, doit être repensée à travers la notion biblique d'élection, qui revêt pour Lévinas un sens foncièrement moral. Loin de désigner un privilège exorbitant, elle signifie la mise à part du responsable, sa responsabilité infinie qui n'a pas sa mesure dans la bonne volonté ou la disponibilité de ce dernier. Paradoxalement, cette hétéronomie n'est pas synonyme d'aliénation. C'est elle au contraire, qui fonde la véritable dignité du sujet.'

Cette dignité difficile est proportionnelle à l'injonction éthique de secourir autrui. »[43]

Et si le visage de l'altérité pour les médecins hospitaliers à part engagés dans la lutte contre le cancer est clef, il l'est au moins à trois niveaux :

D'abord le visage de l'autre, celui du patient, vulnérable parce qu'atteint d'une maladie dite « grave ».

Ensuite le face à face de l'oncologie, irréductible à un simple vis-à-vis dans l'exigence d'une excellence nécessairement infinie du lutteur.

Enfin la figure de l'hospitalité qui transcende le médecin et le lieu d'exercice pour accueillir au mieux celui qui souffre.

« La sommation éthique se réalise pleinement dans la figure du médecin hospitalier fédérant un collectif transcendé dans une méta-spécialité exigeant l'excellence

---

[43] GRAND Virginie, La vocation médicale : je est un hôte, page 118, éditions universitaires européennes, 2016

d'exception au-delà d'un soi-même limité dans le temps. Cette sommation éthique porte en creux une doctrine de la volonté qui transfigure l'idée de l'infini en moi selon Descartes, en désir de l'infini. [...]

De Descartes à Lévinas, nous passons du registre positiviste de la connaissance ou de l'ontologie au registre de l'éthique. L'altérité en moi es ouverture à l'infini, irruption de la transcendance.

Le médecin est comme pour-l'autre et sa vocation l'assiège, faisant sa place à l'autre non pas simplement pour soigner autrement mais pour un autrement soin. Désir de l'autre comme emphase ontologique. C'est bien en ce sens que le médecin hospitalier peut dire avec Lévinas « Je est un hôte ». Son hospitalité le dépasse, dans son propre espace et dans le temps : l'œuvre en ce sens reste à jamais incomlète, infinie » A poursuivre et c'est bien l'objet de la triple mission de ses hospitaliers : soigner, chercher, enseigner !

2.3   Discussion des résultats

Demain ?

Dans le dialogue stratégique devenu opérationnel s'installe nécessairement une évolutivité à intégrer en fonction de variations à déterminer : croissance des gains, changement des personnes et niveau de compétences, etc

La relation inscrite dans le temps est intelligence du dialogue à préserver. De fait, renoncements, antagonismes potentiels restent à neutraliser dans cette relation novatrice inter établissements privés qu'est l'institut du Thorax. Son pilotage dynamique et continu est clef.

Dans ce dialogue de gestion émerge une fonction stratégique aux côtés de la coordination médicale et des directions générales : l'alliance manager.

L'alliance manager pose les conditions de gestion éclairée pour préserver le bien mutualisé à déployer et sait créer les liens utiles et profonds pour rendre forte l'alliance des acteurs de santé créateurs de valeur ensemble.

Il comprend non seulement toutes les offres de soins de sa structure mais aussi celle globale du territoire, recherche de nouvelles solutions permettant l'innovation avec ses partenaires et cultive l'acuité et l'ouverture d'une vision 360° de la relation à l'autre.

Synoptique

Clefs de la coopétition réussie à l'Institut du Thorax

La volonté des acteurs de terrain, ici médecins, conscients de la nécessité d'ouverture à un collectif élargi dans sa multidisciplinarité initiale pour réaliser la médecine d'excellence à laquelle ils aspirent et ne peuvent briguer les uns sans les autres

L'humilité de chacun pour compter dans un collectif méta expert à l'impératif moral d'excellence augmentée pour accélérer l'accès des patients aux dernières innovations et aux essais précoces

L'ombre portée de l'avenir sur le présent : la vision, le continuum soin-recherche, le projet médico-scientifique des deux établissements en coopétition pour l'Institut du Thorax

Des « fiançailles » via des groupes de travail avant une coopération formalisée dans un « deal » à arrêter avant toute potentielle montée en charge de cette coopération

Une communauté d'intérêts bien partagée dans du gagnant-gagnant fondé sur la complémentarité et la transparence

La légitimité des leaders et porteurs de l'Institut du Thorax : médecins et experts d'exception incontestables et incontestés

Une confiance non incantatoire, construite et à entretenir en permanence avec des instances d'animation du dialogue (Copil, RCP, staff) soucieuse de préserver de tout antagonisme et des indicateurs de mesures quantitatifs mais aussi qualitatifs versus non commensurables

Une convention de coopération qui protège sans contraindre permettant simultanément l'agilité d'une start-up et l'ambition audacieuse d'une politique publique de premier rang

Une éthique sans concession, le Care au-delà du Cure et l'hospitalité à part des médecins hospitaliers sommés d'excellence dans une vocation humaniste autour du triptique : soigner, chercher, enseigner

Des confrères au sein d'une même famille unie recomposée en fratrie toute de fraternité et aux valeurs non vénales du champ non lucratif soucieux de se ré-inventer en permanence dans une lutte infinie contre le cancer

CONCLUSION

Notre étude avère la place contre-intuitive du don au sein des échanges pour performer aujourd'hui dans une économie de plus en plus ouverte et compétitive.

Notre enquête montre que les médecins en coopétition au sein de l'Institut du Thorax Curie-Montsouris sont prêts à donner sans compter, en s'engageant dans l'aventure humaine au-delà de leur propre ego ou carrière pour préserver le système, à condition qu'ils créent de la valeur médicale, donc éthique, qui soit source d'innovation continue et prometteuse pour l'avenir.

Cette définition de l'engagement à donner ressemble à s'y méprendre au principe heureux de défiscalisation offert par l'Etat aux généreux donateurs qui soutiennent l'Institut Curie. Contre leurs dons permettant à Curie d'accomplir des progrès indispensables dans les traitements et la recherche contre le cancer, les particuliers diminuent leur impôt sur le revenu ou leur IFI[44] et les entreprises mécènes leur impôt sur les sociétés. Ainsi encouragée, la générosité du public confère tout son sens à la dynamique du don, pari gagnant à plusieurs échelles : l'avancée de la médecine, l'exonération d'impôts des donateurs.

Le don mis en lumière au cœur de ces échanges n'est donc pas gratuit : il paye !

Aucun misérabilisme non plus dans cette socialité du don qui oblige à l'excellence ses acteurs déterminés en médecine à se dépasser dans un éthos transcendantal du *Care* qui ouvre l'exercice à une sollicitude toute d'humilité et d'exigence sans complaisance pour lutter contre le Cancer.

Des liens au-delà des biens, des ressources dont l'investissement échappe à toute volonté purement comptable, de la création de valeur chevillée à un humanisme fondamental qui embarque dans un gain désintéressé : celui de permettre l'accès aux meilleurs soins au plus grand nombre et le souci permanent d'avancées scientifiques, via la recherche clinique, délivrées le plus tôt possible aux chevets des patients.

Le continuum soins-recherche dans la coopétition réussie offerte par l'Institut du Thorax Curie Montsouris projette en outre l'entreprise au-delà de l'ici et maintenant : d'abord dans une cause qui s'exprime sous la forme d'une lutte méta hospitalière contre le cancer non pas dans un simple vis-à-vis avec lui mais dans un face à face plus puissant encore contre lui par cette structure du troisième type ; ensuite dans un combat audacieux qui engage, au-delà d'un collectif ponctuel de talents, une vocation à soigner

---

[44] IFI anciennement ISF ou impôt sur la fortune

au sein d'une aventure humaine qui doit perdurer dans sa vertu au-delà de la condition nécessairement transitoire de chacun.

La coopération compétitive réussie à travers l'Institut du Thorax révèle enfin une socialité complexe se mouvant dans un réseau d'échanges éminemment ouverts, d'ordre économique, social, politique, éthique, juridique et ce à des échelles locales comme internationales.

A l'ère de l'économie dite désormais de la connaissance et de la digitalisation qui a aboli frontières et murs pour un accès libéré à l'information et l'opportunité via des Plates-formes collaboratives de disrupter des activités jusque-là tranquillement installées dans leur routine, il semble essentiel de s'ouvrir, de parier sur la génération de nouvelles formes de réseaux inter-organisationnels.

Coopétiter s'inscrit dans ce paysage de transversalité du dialogue à l'horizon infini. Sans doute est-il temps d'imaginer du côté des Ressources Humaines sinon des postes de tiers médiateurs stratégiques affectés à des projets majeurs, du moins de concevoir la figure nouvelle de l'alliance manager dont la compétence essentielle doit relever de sa capacité de négociation raisonnée hors pair dans un pari gagnant-gagnant pour une intelligence collective toujours plus vive, exigeante et généreuse.

BIBLIOGRAPHIE

Par auteurs :

ALTER Norbert (2009) : *Donner et prendre, la coopération en entreprise*, éd. La Découverte/Poche

FISHER Roger & URY William & PATTON Bruce (2006) : *Comment réussir une négociation*, éd. Seuil, nouvelle édition suivie des réponses aux questions des lecteurs

GRANT Adam (2013) : *Give and Take, A Revolutionary Approach to Success*, éd. Weidenfeld & Nicolson

GRAND Virginie (2016) : La vocation médicale, je est un hôte, éd. Editions Universitaires Européennes

JOULE Robert-Vincent & BEAUVOIS Jean-Léon (2002) : *Petit traité de manipulation à l'usage des honnêtes gens*, éd. PUG

KYPRIANOU Alexis (2016) : *Le guide visuel de la négociation*, éd. Eyrolles

PASCAL Blaise (2011) : *Pensées*, éd. Philippe Sellier

PATERNOTTE Cédric (2017) : *Agir ensemble, fondements de la coopération*, éd. VRIN

PELLEGRIN BOUCHER Estelle (2010) : *La coopétition enjeux et stratégie*, éd. Lavoisier

POITRAS Jean (2017) : *Psychologie de la négociation*, éd. Québec-Livres

RICHOU Saphia (2017) : *Coopétition en action*, éd. Dunod

THALER Richard H. & SUNSTEIN Cass R. (2010) : *Nudge, comment inspirer la bonne décision*, éd. Vuibert

THUDEROZ Christian (2017) : *Décider à plusieurs*, éd. puf
THUDEROZ Christian & BOURQUE Reynald (2002) : *Sociologie de la négociation*, éd. La Découverte

WALDER Francis (1958) : *Saint Germain ou la négociation*, éd. Gallimard

Autres sources :

Comment réussir dans un monde d'égoïstes, éd. Odile Jacob, traduction de « Evolution of cooperation » chez Basic Books 1984, Article-Fiche de lecture cnam/lipsor/D.S.O./Axelrod (2010) par AUDIAT François

Dynamiques de la coopération, Article (Janvier 2015) par THEVENET Maurice

La coopération à l'aide de la compétition, Article (Avril 2011) par THEVENET Maurice

La dynamique des groupes, Article Cercle de l'Entreprise (Décembre 2009) par THEVENET Maurice

La dynamique des stratégies de coopétition, Article CAIRN INFO par DAGNINO Giovanni Battista, LE ROY Frédéric, YAMI Saïd

Les trois clefs de la coopération, Article (Décembre 2010) par THEVENET Maurice

Négocier en finesse, Dossier : la face cachée des négociations, Harvard Business Review N° 19 (Février-Mars 2017), édition française

Stratégie de coopétition et performance de marché : une étude empirique, Article (janvier 2014) par LE ROY Frédéric et SANOU Famara Hyacinthe

Sommaire